Confia em tua força

Dados Internacionais de Catalogação na Publicação (CIP)
(Câmara Brasileira do Livro, SP, Brasil)

Grün, Anselm
Confia em tua força : os sete dons do Espírito Santo / Anselm Grün ; tradução de Márcia Neumann. 3. ed. – Petrópolis, RJ : Vozes, 2015.

Título do original : *Trau deiner Kraft : Mutig durch Krisen gehen*
Bibliografia

2ª reimpressão, 2024.

ISBN 978-85-326-4078-9

1. Autoajuda 2. Confiança 3. Coragem 4. Crises 5. Dons espirituais 6. Espírito Santo 7. Espiritualidade 8. Psicologia religiosa 9. Vida cristã I. Título.

11-00202 CDD-200.19

Índices para catálogo sistemático:
1. Crises : Superação : Psicologia religiosa 200.19

ANSELM GRÜN

Confia em tua força

Os sete dons do Espírito Santo

Tradução de

Márcia Neumann

Petrópolis

Tradução do original em alemão intitulado:
Trau deiner Kraft –Mutig durch Krisen gehen

Direitos de publicação em língua portuguesa – Brasil:
2011, Editora Vozes Ltda.
Rua Frei Luís, 100
25689-900 Petrópolis, RJ
www.vozes.com.br
Brasil

Editoração: Maria da Conceição B. de Sousa
Diagramação: Victor Mauricio Bello
Capa: Felipe Souza | Aspectos

ISBN 978-85-326-4078-9 (Brasil)
ISBN 978-3-89680-430-3 (Alemanha)

Este livro foi composto e impresso pela Editora Vozes Ltda.

Sumário

Introdução

A crise financeira abalou a confiança do homem na economia e na política. Nada mais parece estar seguro: o emprego corre perigo, a firma, que durante muitos anos foi bem-sucedida, agora luta pela sobrevivência. Muitas empresas anunciaram uma redução na jornada de trabalho. Dessa forma, no fim do mês falta a muitas famílias uma importância considerável, que é necessária para, por exemplo, pagar a prestação da casa própria. As pessoas já não têm mais condições de realizar muita coisa. Muitas famílias sentem a crise na pele: durante muitos anos governamos bem nossos ganhos financeiros, possuindo um emprego seguro. No entanto, agora tudo está ameaçado de desequilíbrio. Em minhas conversas de acompanhamento ouço cada vez mais pessoas que falam de suas preocupações com as finanças. Elas têm medo e se perguntam se serão capazes de administrar seu futuro financeiro.

As reações e os prognósticos para o futuro não imediato são diferentes. Para alguns o cenário é de declínio: tornar-se-ia ainda pior. A economia mundial desabaria. Outros reagem com um otimismo deliberado: as coisas logo melhorariam.

Muitos se desencorajam diante da crise. Muitos têm medo do futuro. Eu não estou interessado em pesquisar as causas da crise. Muito já foi escrito a esse respeito. A cobiça, a falta de moderação e a perda da confiança são provavelmente os principais motivos do colapso do sistema financeiro. Na maioria das vezes a gente se indigna contra a ambição dos banqueiros e dos especuladores e dizemos que eles são os culpados. No entanto, a ambição, a falta de moderação e a desconfiança motivam a todos nós. Sempre quisemos mais e de alguma maneira perdemos o comedimento. Nós nos deixamos iludir. Acreditamos que sempre poderíamos aumentar cada vez mais nossos rendimentos e que isso não mudaria nunca. A cegueira foi um outro motivo: a gente pressentia que, a longo prazo, a especulação irregular e ilimitada não faria bem ao sistema. Mas fechamos os olhos a esse pressentimento, porque estávamos lucrando bem com isso.

Porém, neste livro eu não gostaria de olhar para o passado. Eu quero, pelo contrário, ajudar às pessoas, que estão sendo confrontadas com esta ou aquela crise, a não perder a coragem. A encarar corajosamente os desafios.

Eu não quero falar apenas da crise financeira, mas sim de todas aquelas crises que nos afetam repetidamente em nossa vida. As crises fazem parte da vida. Não existe nenhum crescimento sem crises. Isso vale para o crescimento pessoal, mas obviamente também para o desenvolvimento de uma sociedade. Muitas pessoas perdem sua coragem e sua confiança na vida durante uma crise. É assim que neste livro eu gostaria de encorajar todas as pessoas, que são estremecidas por uma crise, a confiar em sua própria força.

No idioma alemão, a palavra usada para exprimir força é *Kraft*, e significa originalmente: aptidão, habilidade, arte, trabalho. Provém de uma raiz, que significa "girar, torcer, concentrar-se". Por conseguinte o conceito de força foi originalmente empregado para determinar a ideia de retesamento dos músculos. Porém, quando falamos de força, não falamos apenas da força muscular, mas também da força espiritual que existe no homem. Ela existe em cada um dos homens, mas todos eles precisam retesar suas forças musculares e espirituais, para sentir sua energia.

Muitas pessoas pensam que sua força não seria suficiente para dominar uma crise. Na tradição cristã, diante de situações de crise, ou antes de tomar decisões importantes, sempre invocamos o Espírito de Deus e cantamos o hino da Descida do Espírito Santo. Confiávamos que o Espírito Santo apontasse os caminhos e concedesse força à comunidade e ao indivíduo para sair-se bem da crise.

Por isso, *Confia em tua força* significa para nós cristãos que podemos ter confiança. Nós podemos confiar que a energia do Espírito Santo fortalece nossas forças física e espiritual. A Bíblia descreve o Espírito Santo como *dynamis*, como força, que desenvolve nossa dinâmica interna, que cheia de energia enfrenta os desafios da vida. Ela nos ajuda a resolver com a imaginação as tarefas que a vida nos impõe. E a Bíblia fala do Espírito Santo como *energeia*, como energia. A palavra grega *energeia* é uma junção das palavras *en* e *ergon* – ação. Ela quer dizer da força atuante que desemboca na ação e que atua em tudo aquilo que fazemos. A energia é ao mesmo tempo a força que precisamos para executar nosso trabalho.

Nós esperamos que nossa energia não acabe. Ela é como uma fonte, da qual bebemos. Confiar na própria energia significa acreditar, que o Espírito Santo vem ao nosso auxílio com sua *dynamis* e revigora nossa força. Nós podemos confiar que a energia do Espírito Santo afluirá em nossa força e lhe dará condições, a força na ação, de deixá-la fluir na superação da crise.

Assim, neste livro eu gostaria de associar a superação das crises que nos atingem em nossas vidas à reflexão sobre o Espírito Santo. Pois eu estou convencido de que justamente a reflexão sobre o Espírito Santo pode nos ajudar a atravessar as crises com imaginação, energia e coragem. Jesus nos enviou o Espírito Santo para que nós participemos de seu poder e, assim como Ele, possamos caminhar pela vida e suas crises. Também não faltaram crises na vida de Jesus, elas culminaram com a crise da crucificação. O Espírito Santo fortalece nossa energia e nossa coragem e concede ao nosso espírito imaginação e criatividade para encontrar caminhos para sair da crise.

1

O convívio com a crise

1. A natureza da crise

A palavra grega *krisis* significa originalmente: separação, diferenciação, triagem, seleção. Mas também pode significar decisão e avaliação e também quer dizer a saída e a solução de um conflito. Para o médico grego Hipócrates, crise significa "a fase decisiva de uma enfermidade" (COTTIER, 1972: 13). Por esse motivo também falamos de uma fase crítica. Ela é "a fase decisiva de uma doença, na qual se efetua a mudança para melhor ou para pior, para vida ou morte. Portanto, é aquela fase na qual a decisão sobre o processo é tomada, mas ainda não se realizou" (SCHNURR, 1990: 61). Durante muito tempo a palavra crise foi utilizada apenas nas áreas médicas e militares (como crítica fase de uma batalha). Mas então os historiadores e os sociólogos também se apropriaram desse conceito. Para os historiadores crise significa um abalo, um questionamento em diferentes níveis, ela ameaça um estado até então aparentemente estabelecido e imutável; ameaça disposições e costumes, o equilíbrio político ou a inabalabilidade da persuasão da fé e dos valores, dos quais vive a civilização" (COTTIER, 1972: 13). Portanto, a crise pode abalar e questionar uma sociedade inteira. Mas sobretudo ela contesta o indivíduo e ameaça seu equilíbrio interno.

Na história, em diversas épocas muitas crises foram identificadas como a maior crise da história da humanidade. É assim que no ano de 1813 Henri de Saint-Simon disse: "A espécie humana encontra-se envolvida em uma das maiores crises desde a origem de sua existência". Ou em 1931, quando Karl Jaspers escreveu em seu livro *Die Geistige Situation der Zeit*, que "agora em todos os jornais se fala da crise". Naquela época a gente falava da crise da cultura, da crise dos valores, da crise da confiança e da crise do sentido. E já naquela ocasião se expressava a esperança de que algo novo pudesse surgir a partir dela. Theilhard de Chardin, o naturalista e jesuíta francês, falava da "força do desespero" que surge da crise. Para Friedrich Nietzsche a crise pode se tornar um "estímulo de vida", para "viver mais". Porém, Nietzsche acrescenta a isso que "a gente precisa ser saudável o bastante para este estímulo".

A questão que se coloca é se nós pessoalmente e nossa sociedade somos saudáveis o bastante para descobrir na crise de nossa época o estímulo para encontrar mais vida.

A psicologia descreveu a vida humana como uma constante série de crises de amadurecimento e transformações. Existe a crise do nascimento, a crise da puberdade, a crise da meia-idade, da aposentadoria, do envelhecimento e do fim da vida. Essas crises fazem parte do processo de crescimento da vida. São chamadas de crises normativas. Ao lado dessas existem crises invasivas, que chegam até nós vindas do exterior: catástrofes naturais, acidentes, guerra, desemprego, crime, a morte de uma pessoa querida. Os filósofos falam ainda de uma crise da razão, na qual a nossa época se encontraria (cf. COTTIER, 1972: 38). E existem as crises catárticas: as crises éticas de purificação, renovação e mudança.

Em uma crise nós nos encontramos sob uma crescente pressão psicológica e buscamos por saídas dessa situação desagradável. Quando superamos a crise, realizamos um verdadeiro passo em direção ao amadurecimento. Porém, também existe o perigo de compensar a crise de forma inadequada.

H. Häfner idealizou para a crise o chamado modelo de transtorno: "Uma crise ocorre quando o equilíbrio psicológico é perturbado, isto é, quando os mecanismos estabilizados falham" (SCHWERMER, 1993: 459). Se alguém deseja auxiliar uma pessoa em crise deve se perguntar como as cargas opressivas que desencadearam a crise podem ser reduzidas, o que pode ser exigido da pessoa atingida pela crise, e quais são as estratégias disponíveis para a superação da crise. Alguns conhecem caminhos espirituais para tratar de sua crise, uns buscam ajuda junto a um médico ou terapeuta. Outros lançam mão dos recursos pessoais que possuem. Em todo caso a crise é um desafio ao indivíduo, que precisa posicionar-se diante dela.

O místico alemão Johannes Tauler descreveu como alguém tem medo da crise e por este motivo foge dela. Este alguém não enfrenta a agitação interna, que é provocada pela crise, ele a transfere para o exterior – ao, por exemplo, querer mudar os outros o tempo todo, ou correr atrás de um novo guru a cada três anos. Porém, com isso ele se nega a dar o passo que a crise exige. Fica enrijecido em seus princípios, torna-se duro e inflexível. Rejeita o amadurecimento e a transformação aos quais a crise quer desafiá-lo.

A psicologia nos diz que toda crise – sejam elas as crises pessoais, as econômicas, as crises sociais ou as crises da razão – é, no fim, uma crise de identidade. Afinal, trata-se sempre de encontrar uma nova identidade. Quem sou eu diante da crise em que me encontro? Toda crise faz alguma coisa comigo e me questiona. Eu não posso simplesmente continuar a viver como antes.

Muitas pessoas não se indagam a respeito de sua própria identidade. Elas reprimem a questão ou a entorpecem. Em todas as crises – assim dizem os filósofos – nós nos distanciamos daquilo que era válido até então e nos voltamos para o novo. Mas ao mesmo tempo nós também fazemos uso de conhecimentos e ideias anteriores, que vemos como ideais (cf. COTTIER, 1972: 56).

Já em tempos remotos foram desenvolvidos modelos de como devemos reagir à crise, sem deslocá-la ou fugir dela. Os latinos dizem: *per aspera ad astra* (através da dificuldade e do sofrimento até às estrelas). Os gregos dizem que a aprendizagem também é sempre sofrimento. A Epístola aos Hebreus contém o trocadilho grego (*mathein / pathein*) usado em relação a Jesus: "Apesar de ser o Filho, Ele aprendeu a obediência através do sofrimento" (5,8). Friedrich Hölderlin expressou sua reação à crise na conhecida sentença: "Onde existe o perigo, cresce também a salvação". Todos esses ditados querem encorajar o homem a não fugir da crise, mas sim enfrentá-la.

2. A crise como chance

A psicologia diz que toda crise – não só as crises normais, como também as crises invasivas – pode se transformar em uma crise de transformação e amadurecimento. O psicólogo Josef Schwermer pensa: "Em uma crise a pessoa está sob uma crescente pressão psicológica e procura por saídas da situação desagradável, sem chegar a uma solução. Ao fim da crise, nos casos bem-sucedidos, encontra-se um aumento do repertório de estratégias de superação (técnicas de vida e de sobrevivência), ou seja, um verdadeiro passo de amadurecimento. Nos casos malsucedidos, a pessoa foge à crise por meio de compensações inadequadas, isso se todo o sistema psicológico não entrar em colapso". Não é indubitável que uma crise se transforme em crise de amadurecimento. Também é possível que a pessoa em crise desabe. Isso é principalmente possível quando essa pessoa avalia a crise, como algo que não pode existir de modo algum, quando ela a vê como própria culpa ou ainda quando a reprime e a compensa. A compensação não soluciona a crise, pelo contrário, a intensifica. Como formas de compensação podemos ter a escapatória para uma espiritualidade, que fecha os olhos às realidades do mundo, um ativismo vazio ou ainda a fuga na diversão. A indústria de produtos doces confirma, por exemplo, que em épocas de crise as pessoas comem mais chocolate ou outras coisas doces.

A crise sempre é caracterizada pela perturbação do equilíbrio psicológico existente até então. Portanto, a pessoa precisa tentar criar um novo equilíbrio. Por esse motivo, a crise é uma chance de, por assim dizer, equilibrar-se novamente. A palavra "chance" originou-se do latim e posteriormente do francês, e inicialmente referia-se à maneira afortunada como os dados caem, no jogo de dados. A crise como chance significa que superaremos os desafios, que os dados de nossa vida caem bem e que conseguimos obter força e experiência como recompensa.

Mas a crise não termina bem automaticamente. Ela exige de nós uma resposta e um passo em direção a um maior amadurecimento. A maneira como reagimos à crise é responsabilidade nossa. Nós podemos nos resignar ou simplesmente continuar, como se não existisse crise nenhuma. Ou então, podemos ver os desafios como chance de colocar nossa vida sobre uma nova base, e descobrir novas possibilidades em nós mesmos.

A vida humana se realiza em crises constantes. As crises são bem superadas quando descobrimos nelas novas oportunidades, encontramos uma nova visibilidade para nossa vida e exercitamos novos comportamentos, com os quais reagimos aos desafios atuais. Quando esses passos não são dados, a crise nos leva à doença, deixando-nos física ou psicologicamente enfermos.

Quando detectamos a crise como chance, desenvolvemos em nós novas possibilidades de vida. Nós obtemos novos conhecimentos. Nossos padrões se transformam. Tornamo-nos mais inteligentes por meio da crise. Para o místico Johannes Tauler a crise é uma chance, que Deus guia à base de nossa alma. Tauler fala da crise da meia-idade, na qual muitas pessoas se encontram. Essas pessoas conhecem sua profissão. Constituíram uma família, construíram uma casa. Mas elas se entregam às aparências. Porém, nessa situação Deus leva o próprio homem a uma "confusão". Deus faz como a mulher na parábola (cf. Lc 15,8-10). Ela coloca a cadeira sobre a mesa, desloca os armários para encontrar as dracmas perdidas. Isso significa encontrar a imagem de si mesmo. Para que o homem encontre a si mesmo, Deus o conduz à crise. Por conseguinte Tauler vê a crise como chance para deixar que Deus aja em cada um e para se deixar conduzir por Deus ao fundo de sua alma.

Sabe-se que os chineses possuem um símbolo, que significa ao mesmo tempo crise e chance. No entanto, para que a crise se transforme em chance é necessário que cooperemos.

É importante que tenhamos a reação correta. Quem reprime ou entorpece a crise se despedaçará internamente. Apenas quem deixa a crise se aproximar e se pergunta o que ela tem a lhe dizer pode aprender a partir dela.

O passo decisivo é então o questionamento da própria identidade. A crise financeira, por exemplo, mostra-me que eu não posso me definir a partir de dinheiro ou riqueza, ou de um emprego seguro. Preciso de uma outra autoimagem. Afinal, só superarei a crise quando encontrar a razão sustentadora de minha vida em minha alma ou em Deus. Jesus fala da casa sobre o rochedo (cf. Lc 6,48). Nós devemos construir a casa de nossa existência sobre Deus. Ele é um rochedo, que concede estabilidade à nossa casa. Então as tempestades da crise podem soprar, ou a água e as ondas da catástrofe se precipitarem sobre nós. Elas não derrubarão a casa. No entanto, aquele que constrói sua casa sobre as areias das ilusões, a verá desabar tão logo uma crise abale seus alicerces. Tais ilusões se mostram, por exemplo, nas seguintes formulações: "Eu posso assegurar minha existência". "Eu posso garantir minha felicidade através de riquezas exteriores". "Eu sempre tenho sucesso". "Minha vida está em minhas mãos".

Muitas pessoas me contaram que foram levadas a novos caminhos por meio de uma crise e que deram um grande passo de amadurecimento. Por exemplo, um homem que possui câncer está grato, nesse meio tempo, por ter contraído a doença. Porque a enfermidade lhe abriu os olhos para aquilo que realmente é importante na vida. Ele mudou sua maneira de viver. Alimenta-se de maneira consciente e preocupa-se com seu estilo de vida. E envolveu-se em um novo caminho espiritual. Uma mulher entrou em crise devido a uma angústia. Ela também está contente, pois desta forma ela pode deixar para trás a religiosidade de sua infância e pode abrir-se a novos caminhos espirituais.

3. Tipos de crise

A psicologia identificou e descreveu diversas crises no decorrer da vida humana. Eu gostaria de descrever algumas dessas crises com o auxílio de ilustrações e de textos bíblicos. A Bíblia conhece as crises do homem. Ela não as representa cientificamente, mas sim através de parábolas. As parábolas nos esclarecem alguma coisa sobre a natureza da crise e ao mesmo tempo nos apontam um caminho para sair dela.

Autoimagens negativas podem ser a causa de algumas crises. Por isso, são necessárias imagens apropriadas para superar a crise. Na Bíblia nós encontramos as duas: (1) as parábolas para a crise e (as) ilustrações terapêuticas, que levam a sair dela.

A crise da puberdade

Uma vez que a maioria das leitoras e dos leitores de meus livros é adulta, gostaria de descrever a puberdade apenas de maneira breve. Aqueles que se encontram na puberdade quase não leem meus textos. Porém, os pais de filhas e filhos púberes também são atingidos por esta crise.

Na puberdade trata-se de deixar para trás a infância e de encontrar uma nova identidade como jovem. Essa fase é muito mais do que uma rebelião contra os pais. Os jovens estão inseguros. Eles querem se libertar dos pais, mas por outro lado precisam dos pais como apoio. Assim, seu comportamento é muitas vezes ambivalente. Esse comportamento se altera entre a necessidade de apoio e a rejeição rude, por um lado entre o isolamento e a criação de barreiras e a necessidade de falar sobre seus problemas, por outro lado.

O Evangelista Lucas nos descreve a crise da puberdade na cena de Jesus no templo, aos doze anos de idade (cf. Lc 2,41-52). Com doze anos Jesus distanciou-se dos pais. Ele não era mais o menino obediente, que fazia tudo que os pais lhe diziam. Simplesmente ficou no templo a discutir com os escribas. Não apenas escutava, como também perguntava muito mais aos mestres. Ele já não aceitava mais tudo que lhe era preconizado. Questionava tudo. Mas também se deixava questionar e dava respostas sobre as quais os mestres se admiravam. Jesus obrigou seus pais a procurá-lo cheios de medo durante três dias. Quando finalmente o encontraram, eles estavam muito perturbados. Sua mãe lhe perguntou com reprovação: “Filho, como pudestes fazer isto conosco? Teu pai e eu te procuramos apavorados” (Lc 2,48). Porém Jesus não se importou com seus medos e suas censuras. Ele lhes pergunta: “Não sabeis que eu tenho de estar na casa de meu pai?” (Lc 2,49). Os pais não entendem o que Jesus quer dizer. Eles sentem que seu filho se tornou um estranho para eles. Há alguma coisa nele a que eles não têm acesso. Eles não podem mais determinar o que Ele deve fazer. Precisam deixar que Ele siga o seu caminho.

O que Lucas descreve aqui ocorre de maneira semelhante em toda crise pubertária. O filho ou a filha faz alguma coisa que os pais não entendem e que os machuca. Os pais não compreendem o comportamento de seus filhos, que até então foram bem comportados.

Surge alguma coisa nos filhos sobre a qual os pais já não têm controle. Isso é frequentemente doloroso. E muitos pais têm medo de que seus filhos não consigam vencer na vida. Se os pais são pessoas que se importam com desempenho, os filhos na puberdade se recusam ao desempenho. Eles vivem despreocupadamente e não assumem nenhuma responsabilidade por suas vidas. Na verdade, eles querem seguir seu caminho, mas não sabem aonde este caminho os levará. E esperam que os pais satisfaçam suas necessidades cada vez mais insaciáveis. Por um lado eles querem ser adultos. Porém, por outro lado, permanecem crianças com enormes exigências infantis, que seus pais devem satisfazer.

Lucas também descreve um caminho para sair da crise. Maria e José não repreendem o filho. Eles o levam consigo a Nazaré. Diz-se de Maria que ela "guardou tudo aquilo que acontecera em seu coração" (Lc 2,51). Em grego emprega-se aqui a palavra *diaterein*, que significa compreender, contemplar os motivos. Assim, Maria procurou analisar as palavras e os acontecimentos, para entender seu filho. Ela não julga, mas sim assimila em seu coração tudo que vê e ouve de seu filho, e analisa com seu coração, para conhecer seus motivos.

Diz-se, porém, de Jesus, que "Ele voltou com os pais a Nazaré e foi-lhes obediente" (Lc 2,51). Ou seja, Ele não continuou a se rebelar. Em seu exterior Ele se subordinou. No entanto, mesmo assim seguiu seu próprio caminho: "Porém Jesus cresceu em estatura, e sua sabedoria aumentou, e em graça para com Deus e os homens" (Lc 2,52). Isso soa bastante coerente. Porém a sabedoria, que aumentava em Jesus, nem sempre era compreendida por seus pais. Mesmo assim Jesus agradava não somente a Deus, como também à humanidade.

É uma representação de esperança para todos os pais de filhos e filhas pubescentes saber que eles, através de todas as crises, adquirem sabedoria e encontram seus caminhos: um caminho que agrada a Deus e aos homens.

A crise de identidade

Muitos adultos jovens sofrem uma crise de identidade entre os 20 e os 23 anos de idade. Depois da puberdade eles encontraram seus caminhos. Concluíram os estudos secundários ou aprenderam um ofício. Até esse ponto tudo estava em ordem. Mas agora, de uma hora para outra, eles começam a duvidar de sua identidade. Essa crise de identidade manifesta-se muito em estudantes. Durante os estudos secundários tudo seguia seu curso regular. Porém, agora eles precisam conseguir orientar-se por si mesmos. No Segundo Grau eles sabiam do que eram capazes. Principalmente os estudantes que obtinham boas notas encontram agora dificuldades, porque não são mais os melhores ou porque não podem avaliar em que ponto seu desempenho se localiza nesse momento. Isso os deixa inseguros.

Essa fase ainda apresenta uma outra missão para os jovens adultos. Eles devem superar a distância que os separa das outras pessoas e construir um relacionamento íntimo. Durante a puberdade nós nos sentíamos bem em grupo. Ou tínhamos amigas com as quais realizávamos alguma coisa. Porém, agora se trata de construir um relacionamento real. Muitos se sentem inseguros por isso. Porque eu só posso construir um relacionamento com uma jovem ou com um jovem se estou consciente de minha própria identidade, se eu sei quem eu sou, e se me revelo ao outro. O medo de se comprometer que muitas pessoas jovens apresentam tem seu fundamento nesse medo de proximidade e no medo de ter de mostrar a si mesmo em sua limitação. Muitos anseiam por intimidade. Porém, assim que a intimidade com um amigo ou com uma amiga cresce, sentem medo de que ele ou ela possam descobrir quem são realmente. E eu não confio minha realidade ao outro. Nessa fase muitas pessoas jovens reagem com depressão. A depressão é um grito de socorro da alma por clareza interior e pelas raízes, das quais as pessoas podem existir. Porque, quando a pessoa jovem estuda ou trabalha em um outro lugar, muitas vezes também perde as raízes de sua existência até então: as raízes de seus pais, as de sua paróquia, as de sua fé.

Quando procuro na Bíblia por uma ilustração dessa crise de identidade ocorre-me a história da cura do possesso de Gérasa (cf. Mc 5,1-20). Ela conta de um homem jovem, que aparentemente possuía uma força muito grande: "Ninguém podia dominá-lo, nem mesmo com correntes" (Mc 5,3). Esse homem deixara para trás as normas de seus semelhantes. Desvencilhara-se de tudo que lhe era conhecido até então. Ele se isolou e vivia entre as sepulturas. Mas de vez em quando saía de toda esta isolação. "Durante o dia e a noite ele gritava sem cessar pelos sepulcros e sobre os montes e batia em seu próprio corpo com pedras" (Mc 5,5). Chamava a atenção para si próprio. E dirigia suas agressões contra si mesmo. Estava internamente dilacerado. Já não sabia mais o que ele era e o que queria.

Essa ambivalência também se mostra em seu comportamento diante de Jesus. Ele corre em sua direção. Aparentemente quer ajuda. Mas ao mesmo tempo grita para Jesus: "O que tenho eu a ver contigo, Jesus, filho do Deus altíssimo? Eu te imploro, não me torture!" (Mc 5,7). Ele deseja ser curado, mas ao mesmo tempo rejeita aquele que o poderia curar. Porém, Jesus não se deixa impressionar por esse comportamento ambivalente. Permanece tranquilo e lhe pergunta: "Qual o teu nome? Ele respondeu: Meu nome é Legião, porque nós somos muitos" (Mc 5,9). É possível interpretar essa resposta do jovem de diferentes maneiras. Mas ela pode indicar que o rapaz perdeu sua identidade. Ele não sabe quem ele é. Descobre em si mesmo diversos eus. Em psicologia a gente fala, neste caso, de que se trata de uma personalidade múltipla, de uma pessoa que tem dentro de si diferentes eus, que estão dissociados um ao lado do outro. O jovem não possuía nenhum centro. Ele é dilacerado por necessidades diferentes. Nos dias de hoje, eu vejo muitas pessoas jovens que oscilam entre o laxismo e o rigorismo. Como elas não possuem nenhum centro, tentam então encaixar-se em um sistema inflexível de normas. Ou então vivem simplesmente suas necessidades e deixam todas as normas para trás. Em ambos os casos essas pessoas não percebem a si mesmas. Elas não têm nenhuma identidade.

Jesus curou o jovem ao não se deixar impressionar por sua dilaceração interna, ao colocar-se de seu lado. Ao aceitá-lo, Jesus dá ao jovem a possibilidade de encontrar a si mesmo. Então todos os espíritos impuros se apossaram dos porcos que se encontravam na proximidade e eles se jogaram no mar. Nós poderíamos interpretar esse desfecho como se todos os eus diferentes submergissem no inconsciente. Restou apenas a pessoa que encontrou seu centro, sua normalidade. O evangelista descreve esta normalidade da seguinte forma: "Ele sentou-se lá vestido corretamente e em perfeito juízo" (Mc 5,15). Ele voltou a ser determinado pela razão – ou, como diz a tradução latina de *sanae mentis* –, seu espírito tornou-se saudável.

O que outrora aconteceu em Gerasa ocorre hoje na cerimônia da Eucaristia. Eu me aproximo de Jesus na comunhão, com minha dilaceração interna, e coloco em suas mãos minha verdade. Jesus me pergunta: "Quem é você?" E Ele próprio me dá a resposta: "Meu corpo para você". E por causa dessa entrega eu encontro minha identidade.

As pessoas que perderam sua identidade e por esse motivo se sentem inseguras precisam de alguém que se coloque a seu lado e que supere a crise junto com elas. Essas pessoas precisam de alguém que seja responsável por elas, que se coloque em seu lugar e que, como Jesus, coloque sua vida em jogo por elas.

A crise da razão

Aquilo que a filosofia hoje chama de crise da razão pode ser reencontrado na história bíblica de Jacó (cf. Gn 27). A filosofia entende essa crise como um raciocínio que não corresponde mais à realidade, que se tornou independente e que por isso tomou o rumo errado. Jacó representa um pensamento que quer enganar aos outros para satisfazer suas próprias necessidades. Esse é um raciocínio que se desprendeu da própria verdade.

Jacó é o homem astucioso que com sua inteligência ardilosa consegue vantagens sobre Esaú, seu pacato irmão. Esaú é o homem de natureza grosseira, que confia em sua força física. É o irmão à sombra de Jacó.

Jacó parece ser bem-sucedido. Ele engana seu irmão ao comprar-lhe o direito da primogenitura e depois consegue a bênção paterna de modo ilícito, impondo-se na vida pela sua astúcia.

Entretanto, de um momento para o outro sente medo de seu irmão sombrio. E foge para o deserto. Lá ele sonha com a escada do céu. Agora surge algo novo em sua vida. Ele entra em contato com seu inconsciente. Em sonho Deus lhe revela que sua vida será bem-sucedida e que lhe serão dados muitos descendentes para abençoar.

Seu sogro Labão tenta enganar Jacó. Jacó parece ter sido derrotado. Durante 14 anos teve de trabalhar para seu sogro. Porém, por fim, Jacó tem sua desforra dele. Ele leva consigo uma grande parte de seu patrimônio. No entanto, no caminho de volta à casa paterna o bem-sucedido Jacó é de repente assaltado pelo medo. É avisado de que seu irmão Esaú se aproxima. Agora ele não pode mais se esquivar dele. A fuga já não é mais uma saída. Ele tem de enfrentar e de passar pela crise.

Jacó leva suas mulheres e filhos e também seus rebanhos para a outra margem do rio e retorna sozinho ao outro lado. Lá ele luta durante a noite toda com um homem. Jacó já não se esquiva mais. Ele entrega-se à luta. E nenhum deles consegue dominar o outro. "Quando o homem percebe que não pode derrotá-lo, lhe dá um golpe na articulação da coxa" (Gn

32,26). O quadril é o símbolo de sua força masculina. E é lá que ele é ferido. No entanto, é exatamente como golpeado, ferido, que ele é abençoado. E recebe um novo nome. Seu nome agora não é mais Jacó, o trapaceiro, mas sim Israel, o lutador de Deus. Ao enfrentar o homem sombrio Jacó encontrou sua própria sombra. Ele lutou com sua sombra. E nessa sombra o próprio Deus apresentou-se a ele e o venceu. Jacó luta com o homem tenebroso, sem saber se pode resistir a essa luta. O combate também poderia ter sido mortal. Mas a contenda transformou-se para ele em bênção. Como sabemos, ele é ferido, mas é exatamente como o ferido que ele se torna bênção para muitas pessoas.

A Bíblia descreve a nova força que converge da crise para Jacó com uma bela imagem: "O sol brilhava neste momento sobre ele, quando passou por Fanuel, mancando" (Gn 32,32). O sol é a imagem representativa da nova vida de Jacó. Após o combate noturno com sua própria sombra, sua vida torna-se clara. Como ele enfrentou sua escuridão, Deus pode então iluminar tudo. Ele não precisa mais reprimir sua sombra. Jacó passa pelo vau do Jabbok. Atravessar um rio significa sempre, na interpretação do sonho, iniciar uma nova fase da vida. Jacó deixa seu passado para trás e caminha para um futuro cheio de esperanças. No entanto ele claudica. Sua força física foi ferida, mas com isso sua força psíquica tornou-se claramente mais forte. Agora ele está pronto para encontrar seu irmão Esaú, sem medo. Os dois se abraçam e se reconciliam um com o outro. Porque durante a crise enfrentou sua própria sombra, ele cresceu internamente e tornou-se capaz de se reconciliar com a pessoa da qual até agora havia fugido. A crise provocou um passo de amadurecimento, no qual os padrões de vida que regiam até então foram abandonados.

A crise de Jacó nos lembra que muitas vezes usamos nossa razão de maneira unilateral para alcançar nossos objetivos. Nós não estamos preparados para reconhecer a verdade. Acima de tudo nossa razão não quer perceber seu próprio lado sombrio. Nós a utilizamos apenas para controlar tudo em nós mesmos e em nosso ambiente. Hoje em dia existem muitas pessoas assim. Pessoas que dão a impressão de pensar claramente. Mas seu pensamento é apenas uma tentativa de fugir da própria verdade. O pensamento individual torna-se um recurso de poder, porém não um caminho para encontrar a verdade. Se quisermos reconhecer a verdade não podemos ignorar o lado sombroso. Isso é válido não apenas para o indivíduo, como também para a comunidade, para a empresa e para a sociedade inteira. Quando o pensamento se afasta da realidade, todos os lados sombrios inconscientes o inundam e o tornam totalmente irracional.

A crise nos obriga a nos defrontarmos com nosso lado tenebroso e a contemplá-lo. Esse será um caminho de cura para nosso ambiente. Se, no entanto, fugirmos da própria sombra nós a projetaremos nos outros que nos cercam. Então conduziremos combates de sombras, que não levarão a lugar nenhum, mas que de algum modo terminarão em densa névoa. Nós envolveremos em névoa nossa família, a empresa, a comunidade e a sociedade, com nossa sombra. Se, ao contrário, através da crise nos depararmos com nossa própria verdade, então alguma coisa também se iluminará no ambiente que nos rodeia, então podemos transmitir bem-aventurança, cura e salvação.

A crise da meia-idade

A crise da meia-idade foi descrita pela primeira vez pelo psicólogo Carl Gustav Jung. Ele diz que na primeira metade da vida os homens vivenciam quase sempre um único polo (por exemplo, apenas o da razão ou o da vontade) e reprimem o sentimento. Ou então vivenciam apenas a consciência da obrigação, e com isso se esquecem de que eles próprios têm necessidades.

Muito antes de C.G. Jung o místico alemão Johannes Taller já havia falado sobre a crise da meia-idade. Ele fala da crise que atinge as pessoas religiosas por volta dos 40 anos de vida. Nessa crise, a vida espiritual vivida até aquele momento não agrada mais. Existe apenas "funcionabilidade". As obrigações religiosas continuam a ser cumpridas. Porém, falta o ser tocado por Deus.

Na área mundana a crise se mostra no questionamento: “Isso foi tudo?” Sentimos que não podemos alcançar nada de novo na área profissional ou familiar. E então nos questionamos qual é, afinal, o valor da vida. Além disso, a metade da vida gera um sentimento de insegurança, porque tudo que foi reprimido e oprimido até então se manifesta de um momento para o outro em sentimentos, em sonhos e muitas vezes também em sintomas físicos.

A história da caminhada de Jesus sobre a água (cf. Mt 14,22-33) descreve como a crise da meia-idade pode apresentar-se. O barco em que os apóstolos atravessavam o mar é jogado pelas ondas para lá e para cá porque enfrenta um vento contrário. O barco representa o ego dos homens. Na meia-idade o ego chega a uma turbulência. As vagas e as ondas representam o inconsciente, que inunda o ego. O vento contrário pode ser o questionamento feito pelo cônjuge ou pelos filhos ou também pelos problemas profissionais. Até agora fomos estimados por todos. Agora, de repente, somos criticados por vivermos unilateralmente.

É o caso, por exemplo, de um homem que se sacrificou pela empresa. Porém as pessoas não o recompensam. Pelo contrário, eles o censuram dizendo que teria se casado com a firma e que não teria vida própria. Ele sempre tratou bem seus funcionários, porém agora é criticado por esperar demais deles. É assim que muitos então desabam interiormente. Aquilo em que empregaram todas as suas forças parece agora vazio. Não é reconhecido pelo exterior – e então eles perguntam a si mesmos se o seu modo de vida até então foi realmente tão bom.

"Na quarta noite de vigília, Jesus foi até eles, Ele caminhava sobre a água. Quando os apóstolos o viram andando sobre a água, eles se assustaram, porque pensaram que seria um fantasma, e gritaram de medo" (Mt 14,25). A quarta noite de vigília representa os quarenta anos. Essa idade é típica para a crise da meia-idade. Nas mulheres é comum que ela comece mais cedo; nos homens, na maioria das vezes, começa mais tarde, porque eles têm com sua profissão várias possibilidades de encobri-la. Eles se atiram ao trabalho para não ter de enfrentar a insegurança interior. Jesus, a quem os apóstolos admiram, vem ao seu encontro como um fantasma. A pessoa em quem eles depositaram suas esperanças, de um momento para o outro lhes parece estranha. Eles sentem medo. É o medo do desconhecido, pois Jesus vem até eles caminhando sobre a água, e eles não esperavam que Ele viesse desse modo.

Deus encontra o homem na metade da vida de uma maneira incomum. E à noite surge nos sonhos alguma coisa que o assusta. Muitos sofrem de pesadelos na meia-idade. Os pesadelos não são sonhos ruins. Eles apenas querem nos dizer: "Você precisa impreterivelmente olhar aquilo que o sonho traz até você. Do contrário, você se agarra à vida que leva até agora como a um remo. Você tenta com todas as forças remar através da crise. Porém, com isso você sobrecarrega a si próprio".

Quando Jesus diz aos apóstolos: "Tenham confiança, sou eu; não tenham medo!" (Mt 14,27), Pedro se sente encorajado. Ele sai do barco e caminha sobre o mar. No entanto, quando já não vê Jesus atrás de si, mas sim as ondas, ele afunda. Jesus o agarra pela mão e o salva. E diz a ele: "Tu, homem de pouca fé, por que duvidaste?" (Mt 14,31). Na metade da vida é preciso ter muita fé, pois do contrário afundaremos. A fé nos diz que a água suportará nosso peso e que não afundaremos na crise. No entanto, a fé também nos mostra que não devemos nos agarrar firmemente aos nossos remos, aos métodos que até agora aprendemos. Na fé nos entregamos a Deus e confiamos que atravessaremos as ondas, as vagas e também as turbulências de nossa vida.

Nessa história ainda há uma outra mensagem para a superação da crise da meia-idade. Segundo C.G. Jung, a partir da metade da vida precisamos ousar o caminho para o interior, para que possamos tocar nosso verdadeiro si-mesmo. Na história do Evangelho de Mateus Jesus entra no barco. Ao fazê-lo, o vento deixa de soprar. Para C.G. Jung, Jesus é um arquétipo do si-mesmo. Nós devemos alcançar o si-mesmo a partir do ego. Nosso ego gira em torno dele mesmo. Ele luta pelos próprios interesses. Até a primeira metade da vida isso é geralmente bom. Porém, na segunda metade, trata-se de descobrir o centro interior. O si-mesmo em nosso centro interior sempre contém também a imagem de Deus. Apenas quando Cristo entra verdadeiramente em meu barco é que entro em contato com meu verdadeiro si-mesmo. E então, apesar das turbulências exteriores em meu ser, tudo se torna calmo e silencioso.

A crise da aposentadoria

Muitos homens chegam a uma crise quando se aposentam. Até então eles haviam trabalhado durante toda a vida e se definiam a partir de seu trabalho. Agora o trabalho lhes faz falta. Mesmo que por último o trabalho tenha se tornado uma carga para eles, a aposentadoria os lança em uma crise. Até agora o trabalho havia conferido um bom ritmo à sua vida. Agora não existe mais. Sua autoestima tinha o trabalho como referência. Agora já não sabem mais se têm valor e o que dá sentido às suas vidas. Talvez eles tenham se alegrado com a liberdade que a aposentadoria lhes daria. Eles queriam passar mais tempo com suas esposas e fazer viagens longas.

Porém, agora o homem e a mulher estão o tempo todo em casa e se irritam um com o outro. Primeiro eles precisam encontrar um novo ritmo de proximidade e de distância. Ou então os sonhos de viagens longas não se deixam concretizar, porque são impedidos por doenças físicas. Muitos se sentem feridos em sua autoestima após a aposentadoria. Eles fogem para o ativismo e se ocupam constantemente, para não ter que pensar. Outros perdem a disposição. Não realizam nem mesmo pequenos consertos na casa, muito embora tenham tempo suficiente. Eles se abandonam e se tornam deprimidos.

A Bíblia nos mostra a crise da aposentaria de um ofício na história do Rei Saul (cf. 1Sm 10). Saul foi ungido rei pelo Profeta Samuel. No entanto, como ele não cumpriu uma ordem do Senhor, Samuel unge Davi como rei. Saul nada sabe dessa unção e Davi se põe a serviço de Saul. Porém, Saul sente inveja de Davi, porque este rapidamente se torna mais estimado do que ele. Davi vence o gigante Golias. O povo o aclama. Isso aborrece Saul. Um espírito maligno o tortura o tempo todo. A gente poderia dizer que ele teria sido dominado por uma depressão. Ele não pode abandonar seu cargo. Não reconhece que seu tempo já passou. Assim, ele decide matar Davi, mas este consegue fugir. Saul tem a sensação de que Deus o abandonou. Antes da guerra com os filisteus, Saul pergunta a Deus o que deveria fazer contra os inimigos. Porém, Deus não lhe dá nenhuma resposta. Então Saul procura a pitonisa de Endor e desta maneira ainda se torna mais culpado. Três de seus filhos caem no combate, entre eles Jônatas, o amigo de Davi. Saul é ferido. Ele não pode aceitar sua derrota. Assim, atira-se sobre a própria espada e dá fim a sua vida.

O que a Bíblia relata sobre Saul acontece a muitos homens que não conseguem suportar que seus sucessores na empresa trabalhem com êxito. Eles estão repletos de inveja. Muitas vezes também são possuídos por espíritos malignos e tornam difícil a vida de seus sucessores. E a si mesmos muito infelizes. Não podem suportar a si próprios. Então refugiam-se no álcool ou em uma rotina vazia. Mas eles já não vivem mais.

A Bíblia não nos mostra, na história de Saul, qualquer caminho para sair da crise. Nós podemos apenas reconhecer em Davi aquilo que nos poderia auxiliar a superar essa crise. Quando Davi envelheceu, seu filho Absalão tramou uma revolta contra ele. O rei precisou fugir e durante a fuga foi insultado por Schimi, um homem da casa de Saul. Davi impediu que um de seus serviçais matasse Schimi. "Deixe-o insultar! Certamente o Senhor lhe ordenou isto. Talvez o Senhor veja minha necessidade e me promete benesses pelo insulto que me atinge hoje" (2Sm 16,11). Davi pensa nos erros que cometeu em sua vida. Ele está pronto para abrir mão. Porém, espera que o insulto que o atinge seja transformado em bênção. Ele pensa, com tristeza, que seu próprio filho rebelou-se contra ele, pela vontade de Deus. Assim ele pode esperar que seu caminho continue bem.

Na aposentadoria, lamentamos que o trabalho tenha terminado e que nem tudo saiu da maneira que esperávamos. Nós podemos lamentar que agora já não somos mais tão importantes, que ninguém mais queira saber nossa opinião e que não temos mais valor público. Aquele que lamenta isso pode então descobrir também novas possibilidades em sua vida. Ele entra em contato consigo mesmo. E dessa maneira descobre que sua vida é abençoada. E pode abandonar o velho, porque confia que Deus preparou para ele novas chances.

Muitas pessoas desenvolvem novas capacidades após se aposentarem. Elas se engajam em projetos sociais ou da Igreja. E trilham um caminho espiritual, tornam-se serenas, bondosas e suaves. Irradiam alguma coisa em seu ambiente que faz bem a todos. Utilizaram a crise como chance e desta maneira trouxeram nova fertilidade à sua vida.

A crise do desemprego

Nem todos perdem seu emprego. Mas na crise financeira muitos temem perdê-lo. Outrora nós acreditávamos que, se trabalhássemos bem e arduamente, teríamos um emprego fixo e não nos aconteceria nada. Porém, hoje esse princípio já não tem validade. Isso já não está mais em nossas mãos. As condições econômicas podem mudar muito rápido. A empresa, por exemplo, pode ser comprada por outra pessoa, os novos proprietários têm outros interesses e despedem os funcionários. Ou o ramo de atividade entra em uma crise e, de uma hora para outra, empregos que se acreditava serem seguros tornam-se inseguros.

Muitas pessoas se envergonham de tornar público que elas perderam seus empregos. Elas vivenciam essa situação como uma desonra e perdem sua autoconfiança. Não conseguem desfrutar do tempo livre, pelo contrário, vivenciam-no como um vácuo. Continuam a candidatar-se a outros empregos. Porém quando a gente, após ter enviado quarenta ou cinquenta candidaturas a um emprego, apenas recebe recusas contínuas, em algum momento perde a coragem e a energia para continuar a se esforçar em conseguir um novo emprego.

O desemprego não influencia apenas o sentimento de autoestima. Ele também produz medos existenciais. A gente se pergunta se poderá continuar a financiar a própria vida, se poderá pagar a dívida da compra da casa, ou se terá de vendê-la. O estilo de vida torna-se limitado e ao mesmo tempo nos envergonhamos de admitir para nós mesmos que já não podemos nos permitir isto ou aquilo.

Na Bíblia, Jesus nos conta uma parábola, que também fala de desemprego. É a história dos trabalhadores do vinhedo (cf. Mt 20,1-16). O proprietário deixa sua casa pela manhã para contratar trabalhadores para sua vinha. Isso era comum naquela época. Ele encontra rapidamente trabalhadores, com os quais combina o salário diário costumeiro na época, que era de um dinar. O vinicultor voltou mais uma vez ao mercado na terceira, na sexta e na nona hora para contratar mais trabalhadores. O fazendeiro volta ao mercado mais uma vez na décima primeira hora, ou seja, uma hora antes do fim da jornada de trabalho – o que, para as condições da época, é totalmente incompreensível. Lá ele encontrou homens que ainda continuavam sem trabalho. Então fala com eles: "Por que vocês estão aqui parados o dia todo sem fazer nada? Eles respondem: Ninguém nos contratou" (Mt 20,6). Aqui o fenômeno do desemprego é bem descrito. Os desempregados passam o dia inteiro sem fazer nada. Eles não são preguiçosos. Porém, eles estão abandonados. Ninguém os queria. Ninguém os contratou. Mas eles foram ao mercado para encontrar trabalho. Jesus se refere, nesta parábola, à grande falta de emprego que em sua época imperava na Palestina. O historiador Josefo relata sobre serviços de emergência que foram empreendidos em Jerusalém para ocupar os muitos desempregados.

O vinicultor trata bem os desempregados. Ele dá trabalho em seu vinhedo também aos homens que chegaram por último. E também lhes paga o mesmo salário que paga aos homens que trabalharam desde a primeira hora. Contudo, isso faz com que estes sintam inveja. Este ponto da história não se refere à falta de emprego, mas sim à nossa existência diante de Deus. Porém, as circunstâncias que Jesus descreve aqui assemelham-se muito bem às nossas circunstâncias atuais.

Em nosso caso, as pessoas que possuem trabalho muitas vezes criticam os desempregados. Eles julgam que estes não procuram trabalho e querem viver às custas da sociedade. Muitos não querem ver a dificuldade enfrentada pelas pessoas que não têm o que fazer, que querem trabalhar, mas não podem, porque ninguém as quer mais. Isso acontece principalmente com trabalhadores mais velhos. Aos 58 anos eles não têm mais nenhuma oportunidade de encontrar trabalho em algum lugar. Ninguém lhes dá um emprego, muito embora eles possuam muitas capacidades.

Jesus não mostra na parábola uma saída para a crise do desemprego – com exceção de que Ele ilumina a imaginação do proprietário do vinhedo para solucionar o problema daquelas poucas pessoas, que ele emprega em sua vinha.

No entanto, a partir da tradição religiosa existem alguns caminhos que podem ajudar a superar a crise da falta de emprego. Há, por exemplo, o caminho de uma boa estrutura diária com rituais saudáveis. Isso me dá a sensação de que eu próprio vivo, em vez de ser vivido. Por outro lado é importante não tornar seu sentimento de autoestima dependente do trabalho. Nesse aspecto a fé tem uma tarefa importante. Ela me dá a sensação de que sou amado incondicionalmente por Deus. Meu valor não depende daquilo que desempenho, mas sim de Deus, que me concede dignidade intocável como homem. Por último, é conveniente usar a falta de trabalho ativamente, para se aperfeiçoar em alguma coisa, estudar ou fazer algo útil – como, por exemplo, consertar alguma coisa em casa ou cuidar do jardim ou ainda se ocupar em projetos sociais.

A crise da doença

Toda enfermidade representa uma crise. Os pequenos resfriados também nos deixam confusos. Eles nos paralisam em nosso trabalho. A gente se sente desanimado. A voz não sai do jeito que gostaríamos.

Mas essas são apenas as pequenas crises, que passam sozinhas. Uma crise forte ocorre quando somos atingidos por uma doença que surge do nada e quando menos se espera. Como aquela que atingiu um homem que nunca estivera doente. Ele jamais havia faltado ao trabalho. Agora, de um dia para o outro, ele ficou doente. O câncer o pegou. Ele não sabe se sobreviverá ao câncer. Todos os planos que ele tem para sua vida são cancelados. Ele pensava que sempre havia vivido de forma saudável. Agora procura em seu modo de viver os motivos para sua doença. Porém, a busca pelas causas não o ajuda muito. Essa busca lhe transmite apenas sentimentos de culpa, que o puxam ainda mais para baixo. A enfermidade aconteceu. Ele precisa enfrentá-la.

Em vez de procurar pelas causas, é mais sensato indagar da doença o que ela quer nos dizer. A enfermidade me obriga a me reconciliar com a fragilidade de minha vida. Ela me mostra qual é o meu verdadeiro valor. Mas, para chegar até lá, preciso primeiro passar pela incerteza e pelos sentimentos de culpa, pelo desespero e pelo medo.

A Bíblia nos fala sobre a crise da enfermidade na história do Rei Ezequias. Ele adoeceu repentinamente e estava à beira da morte. Deus lhe envia o Profeta Isaías que lhe diz: "Põe em ordem a tua casa, pois você morrerá, você não sobreviverá" (Is 38,1). Isaías virou-se para a parede e orou a Deus, ele servira a Deus durante toda sua vida com o coração elevado. Assim, ele implora que Deus prolongue sua vida. Deus lhe concede essa graça. A crise que a doença provocou no rei se revela na prece que ele faz após a cura: "Na metade de meus dias precisei baixar às portas do mundo inferior, roubaram-me o resto de meus anos [...] meu casebre foi demolido, foi destruído como se fosse a barraca de um pastor. Como um tecelão vós tecestes minha vida até o fim, e me cortas como um pano que acabou de ser tecido. Do nascer do dia até a noite tu me abandonastes totalmente; peço por socorro até o amanhecer. Como um leão ele tritura todos os meus ossos" (Is 38,10.12). Ezequias não consegue mais dormir. Sua alma está amargurada. A enfermidade lhe toma a confiança em Deus.

A doença também me arremessa em uma crise. Todos os meus planos de vida até então são eliminados. Minhas ideias sobre a vida são despedaçadas. A crise da enfermidade só se transformará em uma chance para mim quando deixar que ela quebre meus conceitos sobre eu mesmo, sobre minha vida e sobre Deus. Então eu não me despedaçarei por causa dela, ao contrário, desabrocharei para o meu verdadeiro eu, para novos aspectos da vida e para o outro Deus totalmente diferente.

No entanto, se eu me agarro às minhas ideias sobre a vida, então a doença fará com que eu me torne amargo. Eu me fragmentarei por isso. Uma mulher, que sempre tivera uma vida saudável, recebe o diagnóstico de que é portadora de uma enfermidade autoimune. Imediatamente ela se questiona o que teria feito de errado e em que ponto ela teria lutado contra si mesma. Porém, essas autoincriminações não a levam a lugar algum. No fim, elas são apenas expressões de que ela se apega aos seus conceitos de vida, tal como se eu me alimento de forma salutar, então permanecerei saudável. A doença quebra esta concepção. Quando ela estiver preparada para deixar que essa velha ideia se quebre, então desabrochará para possibilidades novas. Reconhecerá seu verdadeiro eu. Sentirá que deve dar nova ênfase à sua vida. Já não precisa mais provar a si mesma que pode escalar esta ou aquela montanha. Ela quer viver de maneira ponderada. E desabrochará para as pessoas. Ganhará um novo entendimento para os muitos doentes que existem em seu ambiente. E não mais julgará de forma inconsciente que eles teriam provocado sua própria doença. E também nascerá para Deus, que nem sempre é aquele que garante uma vida saudável, mas antes a meta de nossos anseios. O caminho para essa nova atitude perante a vida, si próprio e perante a Deus – como para Ezequias – passa pela rebelião, pela queixa e pela acusação, até que desemboque em uma nova confiança em Deus.

A crise do sucesso

Os jornais falam de homens bem-sucedidos, que de uma hora para outra foram abandonados pelo sucesso. A crise financeira jogou alguns empresários, que há alguns anos eram aclamados pela imprensa como típicos homens bem-sucedidos, em uma crise profunda. Tudo aquilo que eles construíram, agora desabou. Eles têm que declarar a falência de suas empresas. Até então tiveram dinheiro em abundância. Agora tudo lhes foi tomado. As dívidas são maiores do que seu patrimônio. Poucos mal podem suportar que da noite para o dia o sucesso tenha se afastado deles.

A Bíblia nos mostra a crise do sucesso no destino de Jó. Ele é a imagem de um homem que vive segundo a vontade de Deus e que ao mesmo tempo tem muito sucesso exterior: ele tem uma grande propriedade, filhos saudáveis e bem educados e ele próprio é saudável e feliz. Em meio a essa felicidade sobrevém uma crise. Essa crise toma de Jó, em primeiro lugar, sua fortuna. Depois, todos os seus filhos morrem.

No entanto Jó não se deixa perturbar. Ele responde à mensagem sobre a perda de seus filhos: "O Senhor deu, o Senhor tomou; louvado seja o nome do Senhor" (Jó 1,21). Por fim, Deus lhe tira também a saúde. Seu corpo está cheio de úlceras malignas. "Jó senta-se em meio às cinzas e pega um caco para se raspar" (Jó 2,8). Até mesmo sua esposa o insulta. Seus amigos chegam. Permanecem calados a seu lado durante sete dias. Estão muito perplexos com a sua sina. Mas então eles tentam provar-lhe que Deus sempre age certo. Assim, Jó precisa ter feito algo errado. Ele com certeza pecou ou viveu de forma errada. Porém, Jó se defende desta teologia que não condiz com a verdade. Ele afirma que teria vivido de forma saudável, e que Deus não é o punidor, que castiga qualquer pequeno erro. Os amigos discutem com Jó durante vários dias. Porém, ele não se dá por vencido. Ele não é o culpado por esta crise. Ela simplesmente o atingiu. Não há nenhuma explicação para ela, nenhuma causa que possa ser reconhecida.

Então, o próprio Deus aparece diante dele em uma tempestade e lhe fala. Ele não responde às suas perguntas e às suas queixas. Refere-se apenas à grandeza de sua criação, às nuvens e à chuva, ao caprino e ao touro selvagem, ao hipopótamo e ao crocodilo. Ao olhar para os milagres da criação Jó percebe que ele falara sem conhecimento. "Eu soube de ti apenas por ouvir dizer; porém agora meus olhos te viram" (Jó 42,5). Então Deus dá razão a Jó perante seus amigos: "Vós não falastes de mim com justiça, como meu servo Jó" (Jó 42,7). Jó caiu do apogeu de seu sucesso. É compreensível que Jó então culpe a Deus e se queixe a Ele. Sua vida tornou-se repugnante para ele. E ele pergunta a Deus: "Que aproveitas, ao exercitar vosso poder, ao rejeitar a obra que criastes?" (Jó 10,3). E ele o censura: "Por que me deixastes vir do seio materno, por que não morri antes de ser visto por alguém?" (Jó 10,10). Deus lhe tirou tudo. Agora ele está lá, despojado. Ele grita de dor. No entanto, quando Deus o encontra na beleza da criação, ele se entrega a Deus. Mesmo que Ele não possa explicar seu sofrimento, mesmo assim Jó se curva diante do Deus incompreensível.

Ele não se entrega. Depois a história ainda acaba bem. Deus muda seu destino e duplica seu patrimônio.

O sucesso não é algo nocivo. Nós devemos ser gratos quando somos bem-sucedidos em nossa vida. No entanto, não podemos nos definir apenas pelo sucesso. Quando ele nos é tirado, precisamos de um outro fundamento, sobre o qual possamos construir nossa vida.

Porém, em primeiro lugar sentimos dor, assim como Jó, quando perdemos tudo. Hoje a mídia também contribui para esse sentimento. Primeiro ela eleva o bem-sucedido às alturas. No entanto, quando ele cai, seu memorial é arrasado publicamente. Todos caem em cima do derrubado. Todos sabiam melhor. Cada um sabe quais foram os erros que ele cometeu. Como os amigos de Jó, nós também procuramos pelos erros. Quem fracassa é culpado do próprio fracasso. Ninguém quer saber que o fracasso também pode nos atingir a partir do exterior. Em uma situação de preconceito notório e de exposição como essa, como Jó, nós precisamos de uma fé forte. No entanto, para muitos a pressão externa se torna tão grande, que não é possível resistir a ela. A Bíblia nos convida a falar ponderadamente sobre nossas crises e deixá-las ser como são, sem querer explicá-las.

Uma crise pode ter muitas causas. É claro que também existem crises que nós mesmos provocamos. No entanto, nós magoaríamos as pessoas se quiséssemos provar-lhes por que elas se encontram em uma crise. Nós precisamos simplesmente aceitar a crise como um desafio de Deus. Então a crise – como aconteceu a Jó – pode nos levar a uma nova qualidade de vida. Diz-se de Jó: "O Senhor abençoou sua vida posterior mais do que a vida anterior" (Jó 42,12).

A história de Jó ainda nos diz mais uma coisa: nós não podemos nos acomodar sobre aquilo que alcançamos. Nem sobre o sucesso, nem sobre a propriedade, nem sobre a nossa família, nem sobre a saúde. Tudo nos foi dado. Tudo pode nos ser tomado. Toda crise exige de nós que renunciemos às condições externas, que nos libertemos de tudo que temos. Quando nos identificamos com nossos bens ou com nossa saúde, desistimos de nós mesmos quando os perdemos. Então não somos mais nada.

Precisamos exercitar a liberdade interior antes mesmo de sermos atingidos pela crise. Pois então a crise não nos destruirá, mas sim nos conduzirá a um lugar no qual estaremos verdadeiramente em casa, no qual somos completamente nós mesmos, no qual ninguém pode nos ferir, no qual nada mais pode nos prejudicar.

Certa vez, João Crisóstomo disse de maneira semelhante em um sermão: nada pode te ferir além de tu mesmo. Se possuíres teu fundamento em Deus, pode ocorrer qualquer coisa. Isso não fará mal ao teu verdadeiro eu. Como explicação, Crisóstomo nos traz a parábola da casa, que foi construída sobre o penhasco. Mesmo quando as tempestades a estremecem ou as massas de água a inundam a casa não desaba, porque foi erguida sobre o penhasco. Quando nós construímos nossa casa sobre Cristo, o verdadeiro rochedo, nenhum infortúnio, nenhum insucesso, nenhum dano pode nos afetar. Pelo contrário, através de cada crise poderemos ser ainda mais abençoados. Quando deixamos que nos tomem tudo que é exterior, a riqueza vinda de nosso íntimo nos fará felizes. E ela se expressará novamente muitas vezes também em bem-estar exterior.

A crise de relacionamento

Em meus cursos ofereço às participantes e aos participantes a possibilidade de conversarmos. Uma grande percentagem dessas conversas gira em torno dos problemas de relacionamento. Como, por exemplo, o casamento que entrou em crise. O casal já não se entende mais. Não tem algo a dizer um ao outro. Ou o homem iniciou uma relação com uma outra mulher. Sua esposa sempre acreditou em sua fidelidade. Agora o fundamento de seu casamento, a fidelidade de um para com o outro, está fragilizada. Outros chegam à crise através de uma ruptura na relação com os filhos. Eles se sentem desamparados diante do filho, que cortou qualquer contato e que apenas ofende os pais.

Existem muitos livros de aconselhamento psicológico sobre as crises de relacionamento e sobre os caminhos para superá-las. Eu gostaria de me limitar mais uma vez a uma história bíblica, que eu vejo como ilustração para as crises de relacionamento e para sua superação.

É a história de Zacarias e Isabel, que nos é narrada por Lucas (cf. Lc 1,5-25). Os dois provêm de uma alta linhagem. No entanto, sua união permanece sem filhos. Para Lucas a explicação disso é a esterilidade de Isabel. Porém, nós também podemos ver esta afirmação como imagem de que o casamento deles havia entrado em um beco sem saída. É claro que isso não deve significar que a ausência de filhos sempre indica um relacionamento malsucedido. Ao pensar dessa maneira, nós magoaríamos muitos casais, que sofrem pela falta de filhos. A imagem da ausência de filhos deve aqui apenas mostrar que o casamento em si se tornou infrutífero. A boa procedência e um lar íntegro não são garantia para o êxito do casamento. A crença compartilhada também não garante que os cônjuges continuarão a se entender bem a longo prazo. Não só Isabel, como também Zacarias "viviam da maneira correta aos olhos de Deus, e se mantinham firmes aos mandamentos e preceitos do Senhor" (Lc 1,6).

Eu realizei o casamento de um casal que havia se conhecido em um curso para jovens. Ambos estavam felizes por ter encontrado um parceiro, respectivamente uma parceira, que é religioso. No entanto, a crença em comum não pode evitar que eles não se entendam e que aborreçam um ao outro.

Deus envia o Anjo Gabriel a Zacarias para anunciar-lhe que suas preces foram ouvidas e que sua mulher daria à luz um filho. No entanto, Zacarias duvida da promessa do anjo. Ele deseja ter uma prova: "Como eu posso reconhecer que isto é verdade? Eu sou um homem velho, e minha mulher também já está em idade avançada" (Lc 1,18). E porque Zacarias não acredita nas palavras do anjo, ele emudece. Somente após o nascimento da criança e quando escreve o nome João em uma pequena tabuleta é que Zacarias pode falar outra vez.

A ocorrência exterior pode ser uma metáfora para uma crise interior. O homem não tem confiança no anjo. Os anjos podem representar impulsos internos ou também sonhos. Zacarias é um homem, ele quer entender tudo com seu intelecto. Para ele, os sonhos são como bolhas de sabão. E os impulsos de seu coração são muito baixos para que ele possa ouvi-los claramente.

Nessa situação a relação entre homem e mulher pode não dar certo. Pois a mulher não ouve apenas os argumentos de seu intelecto. Ela acredita em sua intuição e em seus sentimentos íntimos. E isso vem de um outro nível. É assim que muitas vezes o homem e a mulher não se entendem. A mulher censura o homem por não lhe dar amor. Ela não percebe seus sentimentos. O homem acusa a mulher de ser histérica. Tudo estaria em ordem, e ele faria tudo por ela. Ele sempre teria atendido aos seus desejos. A mulher veria problemas em todo canto, que na verdade não existiriam. Ambos não se entendem. A mulher fala do nível emocional, o homem puramente racional fala apenas dos fatos. Dessa maneira os dois não podem se encontrar.

Na história de Zacarias e Isabel são mostrados dois caminhos para sair da crise. Um dos caminhos é o emudecimento do homem. Ele agora já não pode mais argumentar com palavras. É obrigado a olhar para seu interior e libertar-se de suas justificativas e argumentos. Sem poder falar, é confrontado consigo mesmo e reconhece que, com suas palavras, ele, na maioria das vezes, quer determinar e dominar. O emudecimento o abre para uma nova região de sua alma e para uma convivência com o outro, que não pode mais ser descrita com palavras. Isso o transforma. Isabel gera um filho e vive cinco meses em recolhimento. Ela diz: "O Senhor me socorreu; ele olhou por mim nestes dias com misericórdia e me libertou da vergonha que me sobrecarregava ao ver os olhares das pessoas" (Lc 1,25). Não foi apenas seu marido que se retirou em seu interior. A mulher também vive recolhida. Ela entra em contato com aquilo que cresce em seu ventre. E dá espaço ao ser que desabrocha dentro de si. E acredita que Deus lança sobre ela seu olhar misericordioso e que se encontra sob as bênçãos de Deus.

Quando o relacionamento entre o homem e a mulher chega a uma crise, os dois então tentam conversar um com o outro. A mulher censura o homem pela suas deficiências. O homem, porém, bloqueia... e, desta forma, a conversa não soluciona a crise, mas sim a intensifica ainda mais. Neste caso é de grande ajuda que a mulher reflita sobre si mesma e se preocupe consigo mesma. Ela não se define apenas através de seu marido e de seus filhos, mas sim por aquilo que cresce dentro dela, ou seja, pelo seu próprio fundamento. Pode, por exemplo, fazer cursos, trabalhar em si mesma, fazer uma especialização. Quando ela deixa desabrochar a vida que existe dentro de si, já não é mais totalmente dependente do reconhecimento e do amor do marido. Então, pode também olhar o homem com outros olhos. E pode esperar até que o homem também se ponha a caminho. Ela tem confiança de que os dois estão sob as bênçãos de Deus. E acredita em seu marido; não renuncia a ele. Compreende que até então ele só tinha à disposição o poder dos argumentos. Ela não lhe faz qualquer censura. A mulher espera até o nascimento da criança que traz dentro de si.

Contra a opinião dos parentes, Isabel consegue impor que a criança deve se chamar João. João significa: Deus é misericordioso. Com isso ela quer expressar que Deus agiu misericordiosamente com ela e com seu marido. Em meio a toda esterilidade, a toda crise, ela confiou na compaixão de Deus.

Seu marido Zacarias confirma o nome que ela deu à criança. Ele aprendeu através da mudez que não precisa ter sempre razão. Agora ouve aquilo que se tornou importante para a mulher. E dessa forma foi libertado de seu mutismo. Agora que ele não precisa mais determinar tudo com argumentos, torna-se capaz de um diálogo real com sua esposa.

Os psicólogos dão um conselho semelhante: em uma crise é conveniente estabelecer uma certa distância um do outro e experimentar uma nova relação de proximidade e distância, em vez de querer resolver a crise com violência. Muitas vezes é necessário tempo para que alguma coisa se desenvolva na mulher e no homem. É necessária a crença na boa semente que existe no outro, e também a disposição de se recolher e incentivar o próprio desenvolvimento. Então uma nova convivência com o outro também será possível.

A crise da fé

Uma outra espécie de crise atingiu Elias, o maior dos profetas do Antigo Testamento. É uma crise de fé, na qual hoje muitos, cuja crença se dissolveu por entre os dedos, podem se reconhecer. Talvez algum dia eles tenham ido à igreja entusiasmados, hoje já não encontram sabor na mensagem do cristianismo. Essa crise de fé é, com certeza, a causa de nossa momentânea crise eclesiástica. Porém, ela também tem efeitos sociais. O déficit de orientação religiosa tem um efeito desestabilizador sobre a sociedade. Deus é – como pensa C.G. Jung – o arquétipo mais forte, o maior ideal. Se perseguirmos uma falsa imagem de Deus, nós adoeceremos. E, a partir de imagens imperfeitas de Deus, uma conflagração devastadora pode atingir o mundo inteiro.

De que maneira Elias, ao vivenciar esta crise de sua imagem de Deus, chegou à crise da fé? Ele está convencido de que serve ao único Deus verdadeiro. Luta pela crença absoluta em Javé. Isso lhe dá forças para iniciar a luta contra o culto de Baal. E sozinho, contra os 450 sacerdotes de Baal, ele os vence e os deixa massacrar cruelmente. Porém, no auge de seu sucesso, ele de repente sente medo. A Rainha Jezabel o persegue. Elias com muito medo põe-se a caminho do deserto, para salvar sua vida. No entanto, no deserto ele se sente desanimado de um momento para o outro. Já não luta mais por sua vida; não quer continuar a viver. Elias deita-se sob o arbusto de giesta e deseja a morte. Ele diz a si mesmo: "Agora basta, Senhor. Tomai minha vida, pois eu não sou melhor que meu pai" (1Rs 19,4).

A razão para seus pensamentos de acabar com a própria vida é a decepção consigo mesmo. Ele pensara que a verdade estaria em seu poder e que usaria de todas as suas forças por Deus. Mas agora ele percebe que tem em si próprio as mesmas tendências que ele combate em seus adversários. Ele se engajou passionalmente na causa de Javé. Agora reconhece que sua paixão se acabou junto com ele. Pensava que lutava por Javé. Na verdade, apenas descarregou sua agressividade, combatendo Baal, o deus da fertilidade e do sucesso. Agora ele compreende que sua luta contra Baal tratava de buscar seu próprio sucesso. Acreditava que podia exterminar os inimigos exteriores. Agora ele sente que o inimigo também está dentro dele próprio. E esse inimigo ele não pode destruir nunca. Com o inimigo dentro de si mesmo apenas pode se reconciliar.

Na crise de Elias a mudança não vem através da luta, como aconteceu a Jacó. Pelo contrário, ele se deita desesperançado para morrer. Não tem mais forças para lutar. Então chega um anjo e o toca com a mão. "Levanta e come!" (1Rs 19,5). Elias vê ao lado de sua cabeça o pão que está sendo assado nas cinzas de suas esperanças e ilusões queimadas, e encontra água. Come e bebe, e volta a se deitar. Ele encontrou auxílio em sua crise, podendo se fortalecer com o pão, refrescar-se com a água e entrar em contato com seu manancial interior. Mas isso não o satisfaz. Deita-se outra vez para continuar a dormir. O anjo vem uma segunda vez. "Levanta e come! Pois teu caminho será muito longo. Então ele se levantou, comeu e bebeu, e caminhou, fortalecido por esse alimento, quarenta dias e quarenta noites até o Monte Horeb" (1Rs 19,7).

A crise de Elias foi superada porque um anjo teve paciência com ele e o reergueu. Mas logo surgem novas tarefas. Elias tem de caminhar pelo deserto durante quarenta dias. O deserto é o local do autoconhecimento e do encontro com Deus. Em jejum Elias caminha pelo deserto. Ele não quer permitir que seu desgosto e sua decepção sejam obstruídos pela comida. Ele enfrenta sua verdade.

No Monte Horeb, Elias precisa ir mais uma vez à escola da fé. Lá Deus lhe mostra que não corresponde à imagem que tinha feito dele até então. Deus não se manifesta a Elias no terremoto, na tempestade ou no fogo, mas sim no leve sussurrar do vento. Deus não é aquele que faz tremer a terra e destrói todos os inimigos. Ele não está na tempestade do entusiasmo. Ele está além das emoções. Deus também não está no fogo, que queima tudo que é negativo. Não está em nosso perfeccionismo, em nosso delírio de querermos ser totalmente perfeitos.

Deus só se deixa ouvir na tranquilidade do silêncio, como diz Martin Buber. Em silêncio se quebram nossas velhas imagens de Deus: a imagem do Deus que castiga, do Deus que condena, do Deus que tudo registra, a imagem do Deus arbitrário. No silêncio, nós nos abrimos ao mistério de Deus. Então não continuamos teimosamente a falar de Deus, como se fôssemos os únicos a possuir a verdade sobre ele. Abrimo-nos não apenas ao Deus incompreensível, mas também às pessoas, que, como nós, estão à procura do Deus verdadeiro. No silêncio, nós cessamos de argumentar. Nós nos tornamos tolerantes; em nós cresce a força da serenidade e da grandeza.

A antiga religiosidade de Elias é marcada por uma grande energia, mas também por uma forte agressividade e teimosia. Nos dias atuais existem muitos representantes dessa espiritualidade que impressionam. Eles sabem exatamente em que devemos acreditar e o que é a verdade. Esbravejam contra a amoralidade da época. Porém quando observamos bem, descobrimos a fragilidade desta religiosidade. Algumas pessoas lutam intensamente pela crença certa, para vencer as dúvidas de fé em seus corações. Nós podemos pressupor que elas chegarão a uma crise de fé semelhante à crise de Elias. Deus não se deixa falsificar durante muito tempo. Ele atuará contra seus pretensos profetas, ao tomar-lhes a fé e revelar a discrepância que existe entre suas palavras e seus atos. Então eles perderão sua base.

E aí precisarão se defrontar com sua própria verdade. E somente quando olharem nos olhos da própria verdade é que poderão corretamente preconizar Deus.

Quando chegamos a uma crise de fé, isso é sempre um convite para abandonar as velhas ideias e nos despedirmos das imagens familiares de Deus. No entanto, a crise da fé não questiona apenas nossas imagens de Deus. Algumas vezes a crise se expressa de uma tal forma, que já não podemos mais crer de modo algum. Deus nos parece estar muito distante. Nós duvidamos de tudo em que acreditávamos até então.

No entanto, não existem argumentos que nos possam provar a crença em Deus. Nós não podemos vencer a crise apenas com reflexão. Pelo contrário, vale muito mais permitir as dúvidas e pensar até o fim: Se Deus não existe, posso explicar melhor o mundo e minha vida? Ou tudo então se tornará absurdo? Além de todos os argumentos eu ouço meus anseios mais profundos. Na crise de fé eu ainda sinto que anseio por Deus. E eu deveria acreditar nessa aspiração.

No anseio pela fé já existe fé. E no anseio por Deus já existe Deus. Em minha aspiração eu encontro o sinal que Deus escondeu em meu coração. E dessa forma a partir de meu anseio desabrocha em mim uma fé, que assim como ocorreu a Elias em silêncio, abre para mim o mistério do Deus ininteligível e me mantém sempre no caminho da busca pelo outro Deus totalmente diferente.

4. Passos para sair da crise

Em muitas conversas de acompanhamento, as pessoas me perguntam como devem reagir quando ouvem más notícias no ambiente que as cerca. Elas ainda não foram pessoalmente atingidas pela crise. Porém, por exemplo, um parente perdeu seu emprego. Ou uma empresa na vizinhança decretou falência, e isso seria apenas o começo da crise.

Outras me contam que foram pessoalmente atingidas por uma crise. Um homem tem a jornada de trabalho reduzida e no fim do mês percebe que lhe falta o dinheiro de que ele precisa para saldar suas obrigações. Sua firma anunciou que despedirá funcionários, e pode ser que ele próprio seja um dos funcionários atingidos por essa medida. A família teme não poder mais sustentar seu estilo de vida e o filho não poderá ir para a faculdade. Até mesmo a casa precisará eventualmente ser vendida. Ninguém consegue pensar com clareza. O medo se apodera da família e a impede de refletir, sobriamente, sobre os passos que poderá empreender.

Em minhas palestras eu sou confrontado com todas as crises que descrevi anteriormente. As pessoas me falam de sua desventura e querem receber um conselho. Elas não querem apenas aliviar seu coração e finalmente falar sobre tudo aquilo que as oprime. Também querem saber como podem lidar de maneira concreta com a crise. Elas me perguntam de forma muito direta: "O que me aconselha?"

Eu não posso responder a esta pergunta de imediato. E eu sinto que essa confiança também pode ser uma armadilha. Se eu responder logo, meus interlocutores poderiam entender minha resposta como uma excelente ideia e simplesmente segui-la. Mas então o indivíduo não entra em contato consigo mesmo e com seus próprios recursos. O indivíduo só poderá superar sua crise pessoal quando entrar em contato com sua própria força, ou quando sentir a energia do Espírito Santo em si mesmo.

Não posso solucionar a crise do outro e também não posso lhe transmitir a ideia de que tudo voltará a ficar bem. Eu tenho de levar a sério a crise geral, mas também a crise pessoal, em que um homem, uma mulher e uma família inteira entram. Em uma crise outros temas de vida também se manifestam: o medo de ser abandonado, o medo de não ser capaz, o medo de não receber o seu quinhão, o medo de que a vida exija demais. E nas conversas é bom falar sobre esses temas profundos que emergem à superfície por meio da crise. Apesar disso, ao fim da conversa, as pessoas esperam orientações concretas sobre o que devem fazer agora.

Eu gostaria de mencionar algumas regras, que mostram de que maneira a gente pode reagir à crise. A palavra "regra" vem da palavra latina *regere*, que significa regular, dirigir. E foi primeiramente usada para as regras da ordem religiosa. São Bento não deseja solucionar todos os problemas dos monges com suas regras.

Mas ele fornece um termo, que o monge deve seguir. Esse roteiro pode ajudar a atravessar melhor a crise de amadurecimento pessoal e a crise da fé. As regras a seguir têm esse mesmo propósito.

Algumas pessoas me perguntam também: "Que dica o senhor pode me dar?" A palavra dica vem da linguagem usada na bolsa de valores e no mundo das corridas de cavalo. A dica é uma indicação de perspectiva de ganho. As pessoas esperam uma dica, que lhes dê esperanças e que as conduza ao lado dos ganhadores. A dica deve auxiliá-las a superar sua crise. Nesse sentido eu desejo dar algumas dicas, que não são nenhuma garantia para o proveito da vida, mas que, no entanto, podem ser uma indicação de como a gente pode atravessar bem uma crise.

Não entrar em pânico

A primeira recomendação é tentar não entrar em pânico. É claro que isso é mais fácil de falar do que de fazer. A palavra pânico tem sua origem em Pã, o deus grego dos rebanhos e dos pastores, cujo aparecimento repentino assustava os pastores e os fazia fugir como animais apavorados. O pânico se abate sobre alguém quando a crise – assim como Pã – surge subitamente.

Nós não podemos deixar de nos apavorarmos. Porém, a maneira como lidamos com o pânico é nossa responsabilidade. Muitas pessoas intensificam o pânico. Nossa tarefa é perceber o pânico e então reagir a ele.

Se o medo surgir, então converse com o medo. Reflita o medo até o fim. Permita que sua imaginação trabalhe aquilo que você tem medo.

Imagine, por exemplo, que seu marido será demitido da empresa. Será que isso realmente significa a ruína? A firma teria de, pelo menos, elaborar um planejamento social. Ela daria uma indenização. E então seu marido teria a chance de começar algo novo. Ou você pode considerar se não poderia compensar uma parte do salário de seu marido por meio de seu trabalho. E você também pode fazer um planejamento de tudo que poderia ser cortado, se a situação financeira ficasse apertada.

Se eu entro em pânico me torno cego e paralisado. Mas essa paralisia me impede de pensar. Ela me impossibilita procurar por soluções criativas. Um jovem construtor me contou que todas as manhãs ele acorda paralisado de medo. Teme que os bancos não lhe deem mais crédito e, então, seja obrigado a decretar a falência de sua firma. Como não se permite sentir medo, este o mantém em suas garras. Ele o paralisa e o impede de refletir sobre soluções claras. Tal homem precisa ter um diálogo com o medo, familiarizar-se com ele. Então esse sentimento poderá incentivá-lo. Nesse momento o medo poderá lhe apontar caminhos diligentes para salvar a empresa ou – se nada mais for possível – para fechá-la sem maiores traumas. Se ele, no entanto, reprime o medo, este o paralisa e ele entra em pânico. Congela-se como o coelho diante da cobra, permanecendo inerte e incapaz de procurar por saídas ou soluções.

Não entrar em pânico se aplica também a outras áreas. Um pai me contou sobre seu filho de nove anos que não quer mais ir à escola. Ele teria medo de ser espancado pelos seus colegas de classe. Nessa situação ele se recolhe cada vez mais. O pai entra em pânico; porém, com esse medo ele prejudica seu filho ainda mais. Com seu pânico ele lhe transmite: "Você é uma criança difícil e preocupa seus pais. Nós não sabemos o que fazer com você. Devemos ir ao psicólogo. O que as outras pessoas dirão, se tivermos que procurar um psicólogo para você?" Tais considerações deixam o filho ainda mais inseguro. Elas lhe transmitem sentimentos de culpa, porque ele cria problemas para seus pais. E dão a impressão de que ele é um caso difícil, uma pessoa impossível de ser suportada. Isto lhe rouba toda e qualquer autoestima.

Aqui seria importante a fé nas energias autocuradoras que o menino possui. Eu só poderei ajudá-lo se acreditar nele. Penso que sobre o seu medo também brota a fonte do Espírito Santo. Dessa fonte ele pode tirar forças para se afirmar diante dos colegas de classe e conviver com eles de maneira criativa. Em vez de entrar em pânico, o pai deveria suportar a crise de seu filho e ficar ao seu lado. Dessa forma ele pode transmitir-lhe a ideia de que os dois podem juntos solucionar o problema. Assim, o filho voltará a ter firmeza. Em seguida, o pai pode conversar com ele sobre o que lhe provoca realmente medo: "O que poderia acontecer se você fosse à escola? De quem especificamente tem medo? O que você teme nessa pessoa?" Quanto mais o pai conversar com o filho de maneira concreta e ponderada sobre todas as possíveis eventualidades, mais diferenciada será então sua maneira de ver seu medo. E depois o pai poderia perguntar-lhe: "Como você pode se ajudar? De que você precisa, para não ter mais medo desse ou daquele? O que você poderia fazer concretamente para que esses colegas de escola não sejam mais tão importantes para você, para que não sinta mais medo deles?" Se o pai conversa com o filho sem pânico sobre o medo, este aos poucos também volta a ter confiança. Pois ele adquire uma parte da clareza, da coragem e da força de seu pai.

Manter a cabeça fria

O medo impede a clareza e a sobriedade do pensamento. Assim, um outro conselho importante, é manter a cabeça fria. Mas isso também nem sempre é fácil. Pois se o medo se assenta em nossa mente, a cabeça perde seu frescor. E nesse momento eu não posso mais pensar claramente.

Eu posso apenas tentar manter uma cabeça fria em todas as situações de medo. Com isso eu me conscientizo de meu medo, percebo como ele me sobe à cabeça e como me aperta a garganta. Este eu, que percebe o medo, já não é mais atingido pelo medo. E assim eu me retiro do medo para o meu eu – ou melhor: para o meu si-mesmo. Os místicos falam do espaço interior, ao qual o medo não tem nenhum acesso. Se eu ultrapasso o medo e chego a este espaço de tranquilidade, além de todos os sentimentos, o medo perde seu poder sobre mim.

Mas o medo não é o único sentimento que me aflige em uma crise. Como exemplo podemos também sentir insegurança. Já não conheço mais a mim mesmo. Não posso explicar meu estado interior. Antes, tudo era claro para mim. Agora, já não sei mais como devo reagir. Eu também deveria me conscientizar desse estado e permiti-lo. Não tenho de reprimi-lo. Agora posso me indagar diante de toda insegurança: O que pode me dar suporte agora? Em que eu posso apostar? Em qual de minhas forças eu posso confiar? Ou, eu confio na força do Espírito Santo que reside em mim? A fé é para mim um apoio importante? A partir das coisas que me dão amparo posso analisar sobriamente a crise. Eu posso procurar esse espaço, que me dá apoio, também em meu corpo. E procurar em meu corpo um lugar no qual eu me sinta bem. Para uns, esse lugar é a barriga, para outros o coração. A partir dele reflito sobre a crise.

Eu penso agora com sobriedade no que provocou a crise e que sentido ela poderia ter. Analiso a maneira como reagi no passado às situações de crise e o que me ajudou a superá-las. E tento avaliar objetivamente a crise. Se entro em crise, corro perigo de ver tudo de maneira negativa. Algumas vezes eu penso que tudo teria desmoronado. Porém, quando analiso minha situação de forma sensata, os padrões de minha avaliação são postos em ordem. Então reconheço que a crise, para mim, não significa o fim do mundo. A crise me deixa inseguro. Ela desequilibrou os padrões que foram válidos nos últimos anos. Ela é um desafio para encontrar novos caminhos e novos modelos. Isso também se aplica à crise financeira. Muito embora ela seja diferente das típicas depressões conjunturais que quase sempre acontecem. Mas, ela também não é uma catástrofe. Pelo contrário, é um desafio para regular melhor o mundo financeiro e prover um novo equilíbrio na administração. Em vez de se fixar na crise, seria muito mais sensato procurar caminhos para sair dela. A crise exige que sejam desenvolvidos novos modelos, tanto na área pessoal como também para a administração econômica como um todo.

Para manter uma cabeça fresca é conveniente comparar a crise atual com outras crises que aconteceram no passado. Que crises ocorreram nos últimos cem anos? Como meus pais e meus avós reagiram às situações em que foram colocados? Essas crises – principalmente as crises que foram provocadas pela guerra – foram muitas vezes mais radicais do que a crise que se apresenta hoje. A mídia considera a crise financeira atual como a maior crise econômica desde os tempos da Segunda Guerra Mundial. Mas antes aconteceram crises muito piores. E os homens também as superaram. Talvez estejamos apenas mimados pelo bem-estar material que tivemos durante um longo tempo. As reflexões históricas podem nos ajudar a manter a cabeça fria para ver o que acontece atualmente à luz da história e com isto também ajudam a relativizar.

Uma crise está sempre associada a um abalo interno. A comoção faz com que nossa reflexão se torne insegura. Isso pode ser benéfico. Porém, pode também nos deixar totalmente confusos; de tal modo que não podemos mais pensar claramente. Tomemos como exemplo uma mulher que descobriu que seu marido tinha um relacionamento extraconjugal. Sua confiança desabou totalmente. E a vida, que ela construíra com seu marido, perdeu seu fundamento. Ela já não sabe mais como deve se comportar.

Mesmo aqui, apesar de toda a perplexidade pessoal, é importante analisar a situação sobriamente para poder avaliar. Nesse caso, a conversa com uma terapeuta, um sacerdote ou com uma amiga pode ajudar. Porque sozinhos, diante de uma situação como esta, ficamos muito chocados e confusos para manter a cabeça fria.

Essa mulher poderia, em primeiro lugar, analisar como isto pode acontecer: a união não estava sendo satisfatória nos últimos tempos? Ou seu marido vivenciaria agora uma típica crise da meia-idade? O que poderia ser feito nesse momento? Seria importante ter uma conversa franca com o marido. A crise existe. Sua existência não pode ser negada. Mas os dois juntos poderiam fazer uma terapia de casal e analisar de que maneira poderiam intensificar outra vez sua união.

Nessa crise revela-se alguma coisa, que até então estivera escondida, tanto para o marido como para a esposa. Se os dois analisam isso em conjunto, então existem caminhos de continuar um com o outro e de conduzir o próprio casamento de forma mais consciente e atenciosa. Quando a esposa em seu susto inicial se deixa levar por pensamentos irracionais e duvida de tudo, ela desaba na crise e não sabe mais absolutamente o que deve fazer. Uma cabeça fria poderia ajudá-la a analisar as coisas de forma clara e a procurar com toda sobriedade por caminhos para poder responder à crise.

Dar pequenos passos

A crise financeira é hoje muitas vezes descrita em imagens globais. Ela abrange o mundo inteiro. E, da mesma forma, nós pensamos que a crise só poderia ser superada com soluções globais. Isso é correto quando se trata de crises políticas ou da crise da economia mundial. Precisamos procurar novas regras, que sejam válidas para todos os países. No entanto, isso não é válido para a maneira que eu pessoalmente respondo à crise em que me encontro por causa da crise global.

Eu não tenho de solucionar pessoalmente a crise mundial. Pelo contrário, eu preciso considerar os passos que devo dar, para responder à minha crise individual. E nesse caso é bom ser modesto e pensar em passos pequenos, em vez de quebrar a cabeça em busca de soluções para a crise mundial. Um desses pequenos passos poderia ser planejar as próximas férias com modéstia e desistir de viagens de férias que sejam caras. Um outro passo, por exemplo, poderia ser a análise das despesas domésticas. Meu consumo de energia é adequado, ou eu poderia economizar aqui? E a questão dos alimentos? Nossos hábitos alimentares são realmente tão bons? Não seria possível simplificar alguma coisa nesse sentido? Talvez isso também fosse bom para a saúde...

Eu mesmo posso dar pequenos passos. Eles me levam ao movimento. Quando olho fixamente apenas para a crise, permaneço parado. E não tenho nenhuma ideia de como eu poderia reagir à crise. Se eu, no entanto, tiver dado o primeiro pequeno passo, alguma coisa começa a se movimentar em mim. Então eu sinto que não estou simplesmente entregue à crise, mas que posso reagir ativamente. Ao me movimentar, também me ocorrerão outros passos que eu poderia dar. Em todo caso, o movimento ativa a minha reflexão. E isso produz em mim uma sensação boa.

Na Grécia, os filósofos desenvolveram seus pensamentos ao caminhar. Isso é para ser tomado ao pé da letra. Quando eu caminho, meu pensar entra em movimento e eu desenvolvo novos pensamentos. Isso também é para ser compreendido como metáfora. Se eu paraliso, meu pensar também se enrijece. Se eu reajo ativamente, a minha atividade interna é fortalecida, inclusive a atividade do pensar. Quando eu me ponho a caminho dentro da crise, os caminhos para sair da crise também se mostram a mim.

Dar passos pequenos é um conselho que se aplica a qualquer crise. A terapia comportamental, por exemplo, procura seguir esse caminho dos pequenos passos de forma bem prática. Os pequenos passos não levam automaticamente a sair de uma crise. Mas, antes de qualquer coisa, eles fazem com que as pessoas se tornem ativas.

Uma mãe me falou de sua impotência diante da atitude de sua filha de 13 anos, que não queria mais ir à escola. Mesmo quando ela combina com a filha que no dia seguinte tentará mais uma vez, ainda assim ela permanece na cama deitada. A filha diz que teria dormido apenas três horas e que estaria com uma dor de cabeça tão forte, que não poderia ir à escola. Todos os caminhos terapêuticos e todas as boas tentativas de persuasão não deram resultado até agora. Nessa situação os pequenos passos também podem ajudar. Mesmo com dor de cabeça, a filha poderia tentar pelo menos ir à escola durante duas horas. Se a dor de cabeça tornar-se mais intensa, ela pode voltar para casa.

Durante as conversas, a verdadeira razão para a recusa da filha em frequentar a escola aos poucos se tornou clara para mim. Antes, uma amiga na escola teria lhe dado uma sensação de segurança. Porém, essa amiga frequenta agora uma outra escola. Evidentemente a filha tem medo da insegurança na escola. É claro que a gente poderia analisar tudo isso, saber de onde vem e mostrar à menina como ela poderia encontrar segurança em si mesma. Mas isso não ajuda muito a uma menina de treze anos. Por outro lado, ela se sente protegida com seu cão. Assim poderia ajudar, se o cão a acompanhasse à escola. É claro que isso depende da permissão da escola. Os amigos aconselham a mulher a não se deixar manipular pela filha, mas sim a obrigá-la, simplesmente, a ir à escola. Porém, isso também não ajudará. É preciso dar passos pequenos, que não exijam demais da filha.

Nós podemos sempre dar passos pequenos. Se eu quiser imediatamente dar um grande passo, então o perigo de levar uma queda também será grande. O primeiro pequeno passo atrai para si outros passos. Dessa forma posso sair da crise devagar.

Orar

O conselho de rezar durante uma crise parece a muitos apenas uma consolação ou uma solução de emergência. Eles acham que alguém poderia rezar quando não tem outra ideia. Porém, orar não é para mim uma solução constrangedora. Quando rezo durante uma crise, não permaneço dentro da passividade. Eu não suplico a Deus que resolva todos os meus problemas. Pelo contrário, converso com Deus sobre meus problemas, meus medos e minhas preocupações. Entrego a Deus meu desamparo e minha impotência. Esse permitir expor a Deus meus sentimentos negativos já me transforma. Eu não me sinto mais sozinho. Depois disso eu sou aceito por Deus com minhas preocupações e medos. Dessa forma também posso pedir que Ele me mostre caminhos de como sair da crise. Então a prece me dá confiança. Fortalece o meu pensar. Ela não me livra das preocupações, mas me fortalece para encontrar caminhos concretos.

Também é legítimo pedir a Deus que deixe a crise passar e que me traga tempos melhores. No entanto, não podemos ver Deus como um mágico, que faz tudo sozinho. Afinal, nós nem mesmo sabemos como ele atua. De qualquer maneira, Deus tem a capacidade de mudar a situação, ao enviar seu Espírito Santo à cabeça do responsável, para que ele desenvolva soluções práticas. Ele pode despertar realizações internas nas cabeças das pessoas por meio de seu Espírito. Também pode colocar alguma coisa em movimento na sociedade, até mesmo no mundo inteiro.

Porém, em primeiro lugar a prece nos leva ao movimento. Nós já não nos sentimos mais sem socorro e impotentes. Com a prece, nós começamos a ter confiança de que, por exemplo, não estejamos mais entregues às intrigas de especuladores criminosos, de que Deus nos oferece sua mão também na crise. A sensação de que os bancos não determinam mais a minha vida, e sim Deus, já faz bem à minha alma. Ela se sente livre e enérgica e pode então reagir à crise com imaginação e criatividade.

Na prece eu posso revelar a Deus os meus desejos. Todos nós desejamos para nós mesmos, que sejamos poupados da crise, que possamos manter nossos empregos, que como família consigamos financeiramente dar a volta por cima. É legítimo expor a Deus todas essas aspirações concretas. Porém, nós não devemos ficar decepcionados se Deus não realizar todos os nossos desejos. Toda prece deve afluir na oração do Pai-nosso: "Seja feita a vossa vontade assim na terra como no céu". Essa súplica tem dois significados. De um lado, o desejo de Deus deve se realizar na terra – e não o desejo dos especuladores e dos poderosos deste mundo. Que Deus com seu espírito – e não o espírito profano dos homens – determine as relações sobre a terra. Por outro lado essa prece significa que deixamos a cargo de Deus a maneira pela qual reagirá aos nossos pedidos. Talvez Deus tenha caminhos totalmente diferentes para reagir à crise. Talvez ele não queira solucionar depressa nossos problemas. De outro modo, não aprenderíamos com eles. Talvez ele nos leve à sua escola, para que aprendamos a reconsiderar a nossa vida e a moldá-la de uma nova maneira.

Qualquer que seja a maneira de Deus reagir aos nossos rogos, podemos confiar que nossa prece não ficará sem efeito. Nossa oração já é uma reação ativa à crise, ela faz com que alguma coisa entre em movimento. E produz ao nosso redor uma outra atmosfera. A Física atual fala de uma espécie de campo, que é criado através do ato de pensar. Por meio da oração o campo do pensar, que nos une mais profundamente aos outros, é transformado. A prece revela novas possibilidades do pensar, não apenas em nós, como também nas pessoas pelas quais rezamos. Porém, todas essas tentativas de interpretações físicas e psicológicas não podem expressar apropriadamente o efeito da oração. Nós podemos simplesmente confiar que Deus ouve nossa prece, muito embora de maneira diferente daquela que desejamos, mas em todo caso de tal forma, que no fim ela nos faz bem.

Na oração entramos em contato com a fonte interior do Espírito Santo. Dela eu posso tirar forças, para então reagir à crise de outro modo. Orar – como era compreendido pelos antigos monges – é menos do que um pedido para que Deus intervenha e muito mais um caminho para o espaço interior da serenidade. É lá que Deus mora e é lá que a fonte do Espírito Santo jorra.

Nesse espaço interior da serenidade encontro tranquilidade e paz. Eu entro em contato comigo mesmo. E quando sinto na serenidade de meu verdadeiro si-mesmo, que nada depende da avaliação dos homens, de minha força ou de minha fraqueza, ou de minha saúde ou doença, então as coisas exteriores perdem seu poder sobre mim. Na prece eu recebo nova esperança para mim mesmo e para as pessoas de quem cuido.

A prece também ajudaria a mãe da menina de 13 anos, que se nega a ir à escola. A oração não resolveria o seu problema. Mas lhe daria novas esperanças para a filha. Se ela em oração encontrar sua filha, poderá então encontrar-se com ela de outra forma. Não verá nela apenas a filha difícil, que faz com que sua mãe se sinta impotente, mas sim a filha abençoada, que está sob a proteção de Deus. E quando tiver esperanças por ela e acreditar na bênção que a acompanha, a mãe poderá lidar com a filha de outra maneira. Então a esperança também pode crescer na filha.

A oração não é um truque rápido, que soluciona a crise em que a filha colocou a família inteira. Mas ela transforma a situação e mais uma vez concede confiança à mãe. Ela agora pode acreditar de novo que a filha voltará a entrar em contato com sua força individual e com sua confiança própria e que sairá do círculo vicioso em que se encontra.

Na crise da meia-idade, muitos procuram de novo alcançar o mais depressa possível a antiga segurança e o estado anterior. Eles imploram a Deus que os livre da crise. No entanto, o místico Johannes Tauler nos adverte quanto a esse tipo de oração, pois dessa forma não conseguiríamos seguir adiante através da crise, mas sim voltaríamos ao estado anterior. De fato, nós devemos colocar nossa crise diante de Deus. Mas devemos perguntar a Deus o que Ele quer realizar em nós por meio da crise.

Para Johannes Tauler, o objetivo de Deus na crise da meia-idade é nos libertar de nossa dependência de seguranças externas e nos levar ao fundamento da alma, ao lugar em que Ele próprio deseja nascer em nós. Quando Deus nasce dentro de nós, encontramos a imagem original e autêntica que Deus fez de nós. Então as imagens que criamos de nós mesmos se apagam. As pessoas que oram a Deus para que resolva o problema o mais rápido possível rejeitam o passo em direção ao fundo da alma. E elas perdem o nascimento de Deus em seus corações. O nascimento daquele que as transforma em novas pessoas.

Procurar aconselhamento

Se através da reflexão e da oração não conseguimos ir adiante, ajuda bastante procurarmos nos aconselhar com outra pessoa. Eu posso, por exemplo, falar sobre minhas relações financeiras com um consultor financeiro e analisar, junto com ele, como devo reagir à situação de maneira conveniente. Ou estabelecer um plano para lidar com minhas dívidas. Muitas vezes basta apenas conversar com amigos de confiança, com os quais posso falar abertamente de minha situação.

A crise não atinge apenas as finanças. E em todas as crises é sempre bom procurar aconselhar-se. A crise se mostra pelo fato de que primeiro eu não vejo nenhuma solução. Dessa forma a conversa com outra pessoa pode me abrir os olhos, para que eu encontre caminhos que me auxiliem. Mas, antes de qualquer coisa, a conversa com um amigo pode me livrar do sentimento de que eu seria um fracassado. Na crise da meia-idade faz bem falar da insegurança que meus sonhos, meus sentimentos ou minhas reações físicas provocam em mim. Muitos têm dificuldade de falar sobre seus sentimentos. Até agora eles transmitiram uma imagem de pessoa bem-sucedida, que é sempre forte, para quem – também profissionalmente – tudo corre bem, que vive em uma família exemplar e que é um bom pai ou uma boa mãe. É preciso humildade para se despedir desta imagem e revelar abertamente a própria verdade diante de um amigo, de uma amiga, de um pastor ou de um terapeuta.

Na conversa com uma outra pessoa nós não podemos adotar uma atitude de esperar que ela solucione meu problema ou me dê um conselho decisivo que me ajude a prosseguir. Quando nos comportamos desse modo, permanecemos na passividade e sobrecarregamos o outro com a responsabilidade pelo sucesso de nossas vidas. Em conversas dessa natureza trata-se, em primeiro lugar, de descrever nossa situação, nossas necessidades e nosso desamparo. O outro deve ouvir isso e dizer o que isso lhe provoca. Eu posso lhe perguntar o que pensa a respeito ou como devo lidar com tudo isto. Mas meu parceiro de diálogo não vai me sugerir de imediato uma solução. Ele me devolverá a pergunta: "O que você acha que pode ajudar? Como você reagiu ao problema até agora? Que fontes você tem à disposição para responder à crise?"

Se eu então levo a sério essas questões que o outro me coloca e ouço-as em meu íntimo, eu próprio descobrirei alguma coisa que me auxiliará. Posso então perguntar ao outro o que ele pensa a esse respeito. Ao fim da conversa é possível que o outro então me dê um conselho. Mas, eu sou responsável por mim mesmo. Se o conselho me esclarece ou se ele me parece coerente, então eu devo segui-lo. Mas, no entanto, eu sigo meu próprio bom-senso. Nesse caso, o outro me abriu os olhos. Por meio de seu conselho descobri em mim mesmo caminhos que posso trilhar.

De modo algum posso me tornar dependente do conselho dos outros. Alguns permanecem passivos em conversas desse tipo. No entanto, eles muitas vezes não seguem totalmente o conselho do outro. Nessa situação eles possuem uma razão para colocar a culpa no outro quando fracassam mais uma vez. O outro lhes deu um mau conselho. Ele seria culpado de nada haver mudado.

Descobrir as chances

Toda crise contém em si uma chance. Porém, quando estamos em crise, muitas vezes não vemos esta chance. Nós estamos cegos para as possibilidades novas que surgem a partir da crise. Na crise financeira está a chance de que o mundo financeiro seja reordenado, de que uma distribuição justa da riqueza seja possível, de que o dinheiro volte a servir ao homem e não apenas à cobiça. Em toda crise pessoal está a chance de reorganizar minha vida, de desenvolver novos padrões para minha vida e de tornar-me autêntico. Toda crise destrói as ilusões que fiz a meu respeito e a respeito de minha vida. A destruição dessas ilusões é a chance que tenho de desabrochar para meu verdadeiro eu e para uma outra visibilidade de minha vida.

Uma mulher entrou em uma crise existencial quando seu marido separou-se dela. Porém, um ano após a crise ela pode dizer de si mesma que desabrochou de novo e que agora percebe sua força pessoal. Ela se sente livre para realizar aquilo que sonhara desde a infância. Começou um estudo universitário e quer ajudar as pessoas a encontrarem seu caminho. Progride. Primeiro, o abandono de seu marido roubou-lhe toda sua autoestima. Ela teve a impressão de que seria uma fracassada. Não teria valor para que seu marido permanecesse com ela. Ninguém poderia suportá-la. Ela dilacerou a si mesma com críticas e autodesvalorizações. Porém, entrou em contato com seu ideal de vida original e com a força que repousava sob sua mágoa.

Durante a crise, logo depois de ser abandonada, esta mulher não podia descobrir a chance que se encontra na mudança. Naquele momento ela estava tão aprisionada ao seu luto e à sua dor, que não conseguia ver as novas possibilidades que possuía dentro de si mesma.

Quando alguém acompanha uma pessoa nessa primeira fase da dor, esse alguém pode até falar das chances que existem nas respectivas crises. No entanto, essa pessoa quase não conseguiria alcançar o coração do outro. Nessa fase é mais importante analisar a dor e as avaliações que estão associadas a ela. Quando as autodesvalorizações são formuladas, elas podem ser desfeitas. E então é possível apontar com ponderação a chance que existe na situação atual. E, mesmo quando alguém ainda não pode ver a chance, chamar sua atenção para ela pode oferecer esperança. E a esperança fornece energia para atravessar a crise de cabeça erguida.

A análise das chances que se situam na crise não faz com que a crise deixe de existir. Mas as chances expandem nossa visão. Não estamos mais presos apenas à dor, à desorientação, ao abalo provocado pela crise. Nós não fugimos da crise. A esperança de que exista uma chance, mesmo quando ainda não a podemos reconhecer, nos encoraja a transpor a crise. Ela nos dá força para enfrentarmos os problemas.

E em algum momento nós descobriremos a chance que se nos apresenta. A chance não se situa absolutamente na melhora de todas as coisas, pelo contrário, ela faz com que nos tornemos autênticos, que vejamos a verdade de nossa vida, e que nos tornemos justos com a nossa natureza. Talvez a vida se torne mais modesta depois da crise. Mas quando nós nos harmonizamos com nosso verdadeiro eu, em todo caso ela se tornará honrada e verdadeira, clara e sincera.

2

O Espírito Santo como força e encorajamento na crise

Na tradição religiosa do cristianismo, o Espírito Santo é aquele que encoraja os fracassados, que dá força aos fracos e esperança àqueles que são pessimistas. Portanto, eu desejo agora refletir sobre o mistério do Espírito Santo em relação às crises de nossa vida.

Com isso eu não tenho a ambição de desenvolver uma teologia do Espírito Santo. Pelo contrário, quero tratar aqui do Espírito Santo como a força, que Deus nos oferta, para levar a vida a bom termo e para atravessar todas as crises e conflitos de nossa vida de forma bem-sucedida. Eu escrevi sobre Deus em meu livro *Se quiser experimentar Deus*. Nessa obra eu descrevia nossa busca e nosso anseio por Deus, e mostrava as possibilidades de experienciar Deus. Também escrevi muito sobre Jesus, uma vez no livro *Imagens de Jesus*, e depois também na *Interpretação dos evangelhos*.

Deus é a razão e o objetivo de nossas vidas. Jesus é a imagem de Deus, que quer se difundir em nós, para que possamos cada vez mais entrar em contato com a imagem original e única que Deus fez de nós. O Espírito Santo é a fonte da qual bebemos. E Ele é a força que nos fortalece e encoraja a seguir nosso caminho. No Espírito Santo reconhecemos o Pai e o Filho. No Espírito Santo, o Jesus da história se transforma em nosso Senhor, naquele que determina nossa vida e a dirige a partir de nosso íntimo.

A crise, que através da crise financeira agora está em todas as bocas, mas também as muitas crises pessoais são para mim um desafio a refletir sobre o mistério do Espírito Santo. Talvez alguns pensem que isso não seja uma forma de superação concreta da crise. Contudo, a reflexão sobre o Espírito Santo nos colocará em contato com a fonte de força ilimitada, que brota em nós. Ela nos fortalecerá a enfrentar a crise e atravessá-la de cabeça erguida.

A Bíblia utiliza muitas metáforas para esclarecer o mistério do Espírito Santo. No Evangelho de João encontramos principalmente a imagem da fonte, da qual bebemos. O Espírito Santo é uma fonte que nunca seca, porque é divina. Essa fonte nos refresca. Ela nos dá novas ideias. E nos fortalece em nosso caminho. Quando bebemos dessa fonte, não nos esgotamos tão facilmente. E não nos entregamos. Nós não precisamos fazer tudo sozinhos. Bebemos de uma fonte de confiança, amor e imaginação. Segundo o Evangelho de João, a fonte também é sempre uma fonte curadora, que sara nossas feridas. Cada um de nós traz em si uma fonte de forças autorreparadoras. Essa fonte é alimentada pelo Espírito Santo, que é ao mesmo tempo o espírito curador. Ela purifica nossos olhos. Inúmeras vezes entramos em uma crise porque nossos olhos estavam embaçados, porque não queremos ver a realidade como ela é.

Uma outra metáfora, que já é mencionada no Antigo Testamento, mas que João também conhece, é a metáfora do vento. Não só a palavra hebraica *ruach*, como também a palavra grega *pneuma* e a latina *spiritus* descrevem o vento e o ar. Assim como o vento, o Espírito Santo está em todo lugar. O vento não se deixa aprisionar e possuir. Ele sopra sempre e em todo canto. O vento sopra onde ele quer, diz Jesus a Nicodemos (cf. Jo 3,8). Também não se deixa possuir pela Igreja. Ele tem efeito sobre todas as pessoas. Ele é o ar que penetra em todas as pessoas.

Nos idiomas semitas o espírito é sempre feminino. Por esse motivo, os teólogos sírios da antiga Igreja desenvolveram uma doutrina do Espírito Santo na qual ele é visto como mãe. É assim que Macário escreve em suas homilias religiosas: "Ele não via mais o verdadeiro Pai do Céu, nem a boa e benevolente mãe, a misericórdia do espírito, ou ainda o amado e desejado irmão, o Senhor" (CANTALAMESSA, 1999: 32). Diádoro de Fótica diz que o Espírito Santo nos ensina a rezar. Ao nos ensinar a rezar Ele se comporta "como uma mãe que ensina ao seu filho pequeno a dizer 'papai', e repete com ele este nome, até que o tenha habituado a chamar o pai mesmo quando dorme" (CANTALAMESSA, 1999: 32). Por esse motivo os teólogos sírios acentuam as qualidades maternais, suaves e doces de Deus. E São Basílio pode dizer a esse respeito que o Espírito Santo produz em nós a "confiança familiar com Deus". Por meio do Espírito Santo estamos em casa em Deus. E no Espírito Santo o próprio Deus mora em nossa casa. No Espírito Santo, segundo as palavras de Santo Agostinho, Deus é para mim "mais íntimo do que eu comigo mesmo".

Uma outra imagem, na qual João vê a imagem do Espírito Santo, é a imagem do *parakleto*, do apoiador, do defensor, do consolador. *Parakleto* significa aquele que é chamado. O Espírito Santo precisa ser chamado, e precisamos pedir a ele que venha, para nos fortalecer e nos dar coragem. E ele é aquele que fica ao nosso lado, que nos dá estabilidade quando cambaleamos. O *parakleto* também é o advogado que foi chamado, o defensor diante do júri. Na Igreja de outrora, quando os cristãos foram perseguidos, a figura do advogado divino era uma imagem consoladora. Essa imagem encorajou os cristãos a resistir. Graças a ela, os cristãos não se sentiam sozinhos diante dos tribunais mundanos. O Espírito Santo estava com eles.

No Evangelho de Mateus, Jesus não denomina o Espírito Santo de *parakleto*. Porém, Ele descreve sua atuação: "Quando estiverdes diante de um tribunal não vos preocupeis com o como e com o que vós deveis falar; pois naquele momento aquilo que deveis falar vos será dado" (Mt 10,19). No Evangelho de João, Jesus fala da situação em que os apóstolos se sentem abandonados pelo próprio Jesus. Jesus não quer deixá-los para trás como órfãos. Ele retorna a eles como o Espírito Santo e os apoia: "Eu pedirei ao Pai, e Ele vos dará um outro apoio, que deve estar sempre convosco" (Jo 14,16).

Porém, no Evangelho de João o *parakleto* não é apenas o apoio, mas também o mestre interior, que nos conduz a toda verdade. Ele nos relembra tudo que Jesus disse. Ele nos interioriza as palavras de Jesus, de forma que elas vivam em nosso coração e possamos viver a partir da verdade destas palavras.

Quando a Bíblia foi traduzida em latim, o conceito de "parakleto" continuou em parte entendido como a figura do advogado. No entanto, várias vezes ele foi traduzido como "confortador". Como confortador, o Espírito Santo cumpre uma tarefa divina. Para o Profeta Isaías esta tarefa significa: "Consolai, consolai meu povo, diz o vosso Deus" (Is 40,1). A palavra alemã *Tröster* está relacionada à palavra *treu*, que na verdade significa "firme como uma árvore". O confortador nos concede solidez. Ele nos dá estabilidade. O confortador é fiel. A gente pode confiar nele. A palavra latina *consolator* quer dizer que o Espírito Santo penetra em nossa solidão e permanece conosco, para que não nos sintamos abandonados neste mundo, mas também para que possamos superar nossa solidão interior. O Espírito Santo está em nós. Ele nos consola quando estamos decepcionados – com, por exemplo, a não realização de nossos próprios ideais.

No conceito de *parakleto* torna-se claro que o Espírito Santo não é apenas uma força criadora, ou a energia que sopra através de nós, mas sim uma pessoa. Ele é alguém que nos consola, que está conosco e que nos preenche com seu amor. Basílio chama o Espírito Santo de "companheiro inseparável de Jesus". Ele também é nosso companheiro inseparável. E Ele nos convida a nos tornarmos *parakletos* de outros, a defendê-los, a ajudá-los quando são atacados e a consolar. Paulo nos conclama: "Consolai e exortai uns aos outros!" (1Ts 5,11).

Da mesma forma, devemos nos tornar *parakletos* uns dos outros. A isso nos convida o Cardeal John Henry Newman em um sermão: "De acordo com nossa capacidade nos tornaremos consoladores segundo a imagem do *parakleto*, e isto em todas as acepções desta palavra: advogados, auxiliares, mensageiros da consolação. Nossas palavras e nossos conselhos, nossas maneiras de agir, nossas vozes, nosso olhar, tudo se tornará gentil e tranquilizador" (CANTALAMESSA, 1999: 97).

No Evangelho de Lucas o Espírito Santo é, sobretudo, visto como a chama que nos aquece. Esta chama concede calor à nossa fala e permite que falemos de tal forma, que uma centelha se desprenda. O Espírito Santo chega sobre os apóstolos. E eles encontram coragem para sair do aposento superior em que se recolheram, para falar às pessoas de Jesus e principalmente proclamar a mensagem de Jesus (cf. At 2,1-11). O Espírito Santo é como um vento forte que os impele pelo mundo inteiro e que lhes dá coragem de se apresentar também aos poderosos e aos sábios.

Para todos os evangelistas, o Espírito Santo é a força que impele Jesus a ir para o deserto, a curar os enfermos e a anunciar a boa-nova. E Ele é ao mesmo tempo a força que vem de Jesus. Os homens não podem esquivar-se dessa força. Com a força do Espírito Santo Jesus expulsa os demônios, os espíritos impuros, que turvam nosso pensamento. A mentalidade que determina o mundo e que muitas vezes se difundiu em nossas cabeças é desmascarada como impura por meio do Espírito Santo e expulsa de nossas mentes. O Espírito Santo tem uma força purificadora. Particularmente em nossa época, em que muitos espíritos obscurecem o pensamento dos homens, precisamos da limpidez do Espírito Santo para que de novo possamos ver com nitidez e clareza.

No Batismo, o Espírito Santo é representado com a imagem da pomba que desce do céu. O Espírito Santo concede asas à nossa imaginação. Ele fornece asas à nossa alma. E a pomba, como representação da paz, quer dizer que o Espírito Santo nos oferta paz interior. O Espírito Santo reúne em nós o céu e a terra. Ele abre o céu sobre nós, para que possamos ouvir a voz de Jesus: "Tu és meu filho amado, em ti me comprazo" (Lc 3,22). O Espírito Santo está em nós, e, como uma pomba, nos transporta ao interior de Deus. Ele dá asas ao nosso pensar e nos eleva acima do pensamento comum, que se alastra cada vez mais em nossa sociedade.

A tradição religiosa enalteceu o Espírito Santo em hinos admiráveis. O mais conhecido é o hino que o beneditino Habano Mauro compôs no século IX: *Veni Creator Spiritus* – "Venha, espírito criador". Também muito apreciado é o hino que é cantado na Sequência de Pentecostes: *Veni sancte spiritus* – "Venha, Espírito Santo". Esse hino foi escrito pelo inglês Stephan Langton, no ano de 1200.

Esses dois hinos descrevem a ação do Espírito Santo em belas imagens. O Espírito Santo é chama, fogo, amor. Ele é alívio, cura, consolação. Quando refletimos a respeito desses dois hinos, jamais chegamos ao fim. Contudo, nós participamos da fascinação que o Espírito Santo exerceu sobre esses dois grandes teólogos e escritores.

A Igreja discorreu sobre os sete dons do Espírito Santo há muito tempo. A doutrina dos Sete Dons do

Espírito Santo foi desenvolvida a partir da profecia de Isaías, na qual o Messias é dotado de seis graças. A antiga Igreja adicionou o sétimo dom – o dom da piedade, em referência à tradução grega dos textos da Septuaginta. Na tradição religiosa dos sete dons, torna-se claro que o dom é um aspecto importante do Espírito Santo. Até mesmo Paulo já falara do carisma que o Espírito Santo nos concede, dos dons, que Ele nos dirige.

Neste livro eu gostaria de refletir sobre os sete dons do Espírito Santo, que devem nos possibilitar, particularmente nos dias atuais, a reagir às crises de nossos tempos e às nossas crises pessoais. Nos últimos anos quase nada foi escrito a respeito dos sete dons do Espírito Santo. A última publicação da qual tomei conhecimento é um livro com palestras difundidas no rádio, para as quais Wilhelm Sandfuchs, no ano de 1977, convidou teólogos conhecidos como Eugen Biser, Hans Urs von Balthasar, Karl Lehmann, Nikolaus Lobkowicz, Otto Knoch, Walter Kasper e Joseph Ratzinger. Portanto, já é hora de refletir sobre as sete graças do Espírito Santo em relação à nossa situação atual, para conceder energia e força às pessoas, fortalecer suas defesas, para que elas possam continuar seu caminho cheias de confiança e de forma bem-sucedida.

E eu gostaria de refletir sobre a Sequência de Pentecostes, que deu forças ao Jesuíta Alfred Delp a resistir, na cela da morte, em Berlim, à maior crise de sua vida. A meditação sobre esse hino extraordinário também nos deve fornecer força, para confiar nas forças que Deus nos ofertou no Espírito Santo, e dessa forma atravessar a crise corajosamente.

3

Os sete dons do Espírito Santo

Dentro da Teologia nós sempre entendemos o Espírito Santo como a terceira pessoa na Trindade Divina. No entanto, com isso nós também tornamos o acesso ao mistério do Espírito Santo desnecessariamente difícil. Pois, quando identificamos o Espírito Santo como pessoa, nós sempre imaginamos inconscientemente uma pessoa humana. E então o Deus que se nos apresenta na Santíssima Trindade se divide facilmente em três deuses diferentes.

Contudo, a doutrina do Deus em três pessoas é verdadeira. Deus é sempre pessoal e suprapessoal. Em Jesus, o homem concreto, a personalidade de Deus surge para nós em sua forma mais clara. Jesus é um homem, no qual Deus se revela como pessoa, que fala conosco e nos olha, que se coloca diante de nós e que nos abraça com seu amor. Esse Deus pessoal nos oferece no Espírito Santo o mais íntimo de sua pessoa: seu amor. Assim o Espírito Santo nos conduz ao coração de Deus.

Ele é o dom pessoal de Deus. Nele surge para nós o Deus amável como o Deus próximo, como o Deus que está em nós e que nos penetra com seu amor. A Bíblia vê o Espírito Santo como uma graça que Deus nos concede, com a qual Ele nos encontra e fortalece nossas possibilidades individuais. E o Espírito Santo é um poder, por meio do qual Jesus Cristo atua neste mundo e cada vez mais o preenche com seu amor. João entende – como já mencionado acima – o Espírito Santo como aquele que Jesus nos enviará quando nos deixar após sua morte. Ele é o auxiliador que nos apoia e que nos conduz ao mistério de Jesus Cristo e aos seus ensinamentos: "Mas o auxiliador, o Espírito Santo, que o Pai enviará em meu nome, vos ensinará tudo e vos relembrará tudo que eu vos disse" (Jo 14,26). O Espírito Santo é o mestre interior, que sempre nos conduz mais profundamente à doutrina de Jesus e aos mistérios de sua pessoa e de seu amor. Santo Agostinho registrou essas palavras de Jesus e as interpretou: Quando ele como bispo prega às pessoas, então seu sermão alcança apenas seus ouvidos, mas não seus corações. Pois apenas se o Espírito Santo for o mestre interior é que as pessoas após a pregação iriam para suas casas como novas pessoas. O Espírito Santo é o mestre interior, que sempre nos guia mais fundo às palavras de Jesus, que nos foram transmitidas pelos evangelistas.

O espírito, que Jesus envia, nos conduzirá à "verdade total. Porque não falará por si mesmo, pelo contrário, Ele dirá aquilo que ouve e vos anunciará aquilo que virá. Ele me enaltecerá; pois tomará daquilo que é meu e vos anunciará. Tudo que o Pai tem é meu; por isso eu disse: Ele tomará daquilo que é meu e vos anunciará" (Jo 16,13-15). O Espírito nos guia ao interior de Deus, ao seu coração. Ele toma daquilo que é de Deus para nos oferecer. Ele nos dá uma parte de Deus. No espírito nós experimentamos a divinização de nossa existência humana. Nós somos elevados em Deus. Assim, existe alguma coisa em nós sobre a qual o mundo já não tem mais poder. Em uma crise, isso nos gera o sentimento de que não estamos totalmente em suas mãos. Existe alguma coisa em nós que a crise não pode prejudicar.

Para São Paulo, o Espírito Santo é, em primeiro lugar, um dom que Deus nos presenteia. E Deus dá a cada homem, por meio do Espírito Santo, seu dom individual: "Aquele recebe do Espírito o dom de comunicar a sabedoria, outro recebe do mesmo Espírito o dom de transmitir conhecimento, o terceiro a força da fé, um outro – sempre do mesmo Espírito – a graça de curar doenças, um outro uma força extraordinária, um outro o dom da profecia, um outro a capacidade de diferenciar os espíritos, um outro ainda o dom de expressar diferentes formas de glossolalia, outro o dom de interpretá-las. Tudo isso é ação de um único e do mesmo Espírito; a cada um Ele atribui um dom especial, como Ele quer" (1Cor 12,8-11).

O Espírito Santo atribui a cada homem um talento especial. Isto significa que todo homem é único e individual e que não precisa se comparar aos outros. O dom sempre é também uma tarefa. O Espírito Santo nos presenteia para que utilizemos nosso talento para edificar a comunidade e para moldar a sociedade humana. O Espírito Santo não nos foi dado para que nós apenas desfrutemos dele e nos coloquemos acima dos outros, mas sim para que nós, com seu poder, formemos este mundo e cada vez mais o preenchamos com o espírito de Jesus. O Espírito Santo também quer que saiamos pelo mundo, para que possamos dar a ele o testemunho da verdade e introduzir neste mundo cada vez mais o espírito de Jesus. Eu não posso me vangloriar com o dom que recebo do Espírito Santo. Não é mérito meu ter esse ou aquele talento. Pelo contrário, eles são presentes do Espírito Santo, pelo qual eu posso ser grato. Eu não posso usar o meu talento para colocar-me acima dos outros. No entanto, eu também não devo esconder esse talento ou até mesmo me desculpar por ele. Pelo contrário, ele me foi dado para que eu o coloque a serviço da comunidade. Sendo assim é preciso ter abertura para receber a graça de Deus, e também disposição para aceitar esse dom como tarefa e utilizá-lo para o bem dos homens. Logo após o livro testamental de Isaías (cf. Is 11) a Igreja dos tempos antigos resumiu os diferentes dons do Espírito Santo a um número de sete. O sete é sempre um número simbólico. Ele significa a transformação do homem. O Espírito Santo transforma o ser humano. Ele transpõe minhas capacidades humanas e as abre para o dom divino. Os padres associam os sete dons do Espírito Santo aos sete dias da criação, aos sete sacramentos, às sete bem-aventuranças (segundo a contagem de Agostinho) e às sete súplicas do Pai-nosso. Eles falam do espírito de sete formas, que transforma todas as esferas do ser humano.

1. O dom da sabedoria

Joseph Ratzinger em sua meditação sobre o dom da sabedoria nos fornece a história de seu conceito. Não só para os antigos gregos, como também para os israelitas a sabedoria significa inicialmente capacidade e habilidade. "Ela designa a eficiência do artesão, que entende seu ofício; ela significa antes de tudo a capacidade de julgar, o discernimento, a dedicação com a qual uma pessoa sabe impor-se – dizer e realizar aquilo que é correto no momento certo. A sabedoria é, neste ponto de vista inicial, a qualidade daquele que é bem-sucedido" (RATZINGER, apud SANDFUCHS, 1977: 36).

Contudo, esse conceito de sabedoria vivenciou uma crise não só na Bíblia, como também na filosofia grega. Para a Bíblia a verdadeira sabedoria não se traduz no sucesso do rei, mas sim na participação da maneira divina de ver as coisas. A sabedoria vê o mundo com os olhos de Deus. Isso exige, porém, uma postura ética. A sabedoria não é apenas conhecimento, mas antes a capacidade de ver o mundo com os olhos de Deus. Isso só é possível àquele que se curva aos desígnios divinos e abre seu coração para Deus. Os cristãos adotaram essa visão originada no Antigo Testamento. Para eles, Jesus é o verdadeiro mestre da verdade. Seus apóstolos são introduzidos na sabedoria de Jesus por meio do Espírito Santo.

A Igreja de outrora incorporou o conceito judaico, mas o associou ao raciocínio grego. Na Grécia também ocorreu uma crise do mero pensamento que associa a sabedoria ao sucesso. O filósofo Platão entendeu a crise do Estado ao mesmo tempo como uma crise da alma e então como uma crise de humanidade. Sua análise crítica do pensamento do sucesso também pode ainda hoje nos abrir os olhos. A crise financeira, por exemplo, também é certamente determinada por uma crise da humanidade. Aquele que busca apenas o sucesso perde a verdadeira sabedoria. Sua eficiência é adulterada e conduz à ambição de ganhar a maior quantidade de dinheiro possível. Porém, se esta eficiência não possui um fundamento profundo, ela acaba por destruir a união do Estado. Ela se transforma então em "capitalismo predador" – como Helmut Schmidt, o ex-chanceler alemão, a denominou.

Platão – assim descreve Joseph Ratzinger – trata do tema, como antes seu mestre Sócrates já fizera, com um esclarecimento radical, cuja lógica conduziu ao convencimento de que a verdade absoluta como tal seria inacessível ao homem. Sempre que uma renúncia à verdade como essa ocorre, a humanidade chega a uma crise extrema, porque então a consciência perde seu sentido e só pode servir como parâmetro àquilo que se impõe, ou seja, ao poder em si mesmo" (RATZINGER, apud SANDFUCHS, 1977: 40). Em contraposição ao ceticismo dos filósofos sofistas, de que nós não poderíamos reconhecer a verdade, Platão desenvolveu um novo conceito de sabedoria. O homem participa da sabedoria de Deus. E com essa sabedoria o homem pode até não ser dono da verdade, "mas ele pode amá-la e estar a sua procura" (p. 41).

Essa sabedoria é algo diferente do saber exato. Ela questiona os motivos profundos da existência. Penetra nos mistérios do ser. A sabedoria é "a abertura do homem ao todo, à base sustentável da imortalidade. Ela é idêntica às andanças do homem, é exatamente igual àquela intranquilidade, que o faz seguir como peregrino sempre em direção ao eterno e que o impede de se satisfazer com pouco em detrimento disto" (p. 42).

Para os gregos, a sabedoria significa a abertura para os mistérios do ser. Os romanos desenvolveram um outro entendimento da sabedoria. Isso já se revela na palavra *sapientia*, que vem de *sapere* – saber a, ter gosto de. Sábio é finalmente aquele que sente gosto em si mesmo. Sábio é aquele que está em sintonia consigo mesmo, que se reconciliou consigo mesmo e com sua história de vida, que gosta de si mesmo. Se ele gosta de si mesmo, então ele propaga uma boa impressão. Quando conversamos com ele, a conversa nos deixa uma sensação agradável. Com pessoas que não são sábias, que não podem encontrar gosto em si mesmas, o sabor que permanece após conversarmos com elas é amargo ou insípido. A sabedoria para os romanos tem muito pouco a ver com reconhecer, perceber; ela é muito mais o carisma que alguém possui. Sábio é alguém que propaga externamente um sabor agradável, que tem um carisma cativante.

A palavra "sabedoria" tem sua origem em "saber". Saber significa ver, enxergar, perceber. Sábio é aquele que vê corretamente, que enxerga o mundo da maneira que ele é, que reconhece os contextos interiores. Na Alemanha, nós gostamos muito de falar do "sabe-tudo", que é exatamente o contrário de um sábio. O sábio não é aquele que vê muito, que vê curiosamente tudo que acontece com ele mesmo e ao seu redor, mas sim aquele que vê profundamente os contextos, que entende o mundo em suas relações íntimas, por meio de sua visão. Para Heinrich Fries a sabedoria é "conhecimento dos últimos fundamentos e princípios do ser e da vida [...], entendimento das relações do indivíduo com o todo" (FRIES, 1988: 1.420).

A sabedoria não é o saber sobre coisas individuais, mas sim a interpretação abrangente da existência humana. E a sabedoria também é um saber da vida. O sábio não vive do mesmo modo que o tolo. Isso é sempre dito nos livros sobre a sabedoria, no Antigo Testamento. "A sabedoria do inteligente lhe dá conhecimento em seu caminho, mas a estupidez do tolo conduz ao erro". E a "sabedoria ergue a cabeça do pobre e o permite sentar-se entre os príncipes" (Eclo 11,1). A sabedoria também ensina a atitude correta para o trabalho e para o sucesso: "Meu filho, por que te esforças tanto? Não ficará sem punição aquele que avança empurrando. Se andardes muito depressa, não alcançarás tua meta; se fugires muito rápido, não conseguirás escapar" (Eclo 11,10).

No Evangelho de Mateus e no de Lucas, Jesus descreve a si mesmo como o mestre da sabedoria. A rainha do sul veio para ouvir a sabedoria de Salomão. Porém, Jesus é superior a Salomão. Ele é verdadeiramente sábio. Ele nos ensina o caminho da sabedoria. Ele nos mostra como a vida tem êxito. Porém, Jesus é mais do que um mestre da sabedoria. Aquele que o contempla e medita sobre Ele, compartilha sua sabedoria.

A gnose compreendeu bem esse aspecto de Jesus. Ela identifica o estado do homem como um estado de adormecimento ou um estado de embriaguez. A sabedoria de Jesus nos abre os olhos, para que despertemos e sigamos acordados pelo mundo. Santo Agostinho viu a diferença entre a sabedoria de Jesus e a sabedoria de Platão, sobretudo porque todos os crentes recebem uma parte da sabedoria de Jesus. A sabedoria de Jesus pertence a todos nós, enquanto a sabedoria de Platão é elitista. Agostinho admira em sua mãe, Mônica, o fato de ela ser verdadeiramente sábia, muito embora não tenha desfrutado de uma educação tão boa quanto a educação de seu filho ilustre.

Jesus exclama "inundado pelo Espírito Santo, cheio de alegria: eu louvo a vós, Pai, Senhor do céu e da terra, porque ocultastes todas estas coisas aos sábios e aos entendidos, mas as revelastes aos pequeninos" (Lc 10,21). Quem crê em Deus, compartilha de sua sabedoria. Ele vê mais do que os homens que adquiriram muito conhecimento. Portanto, Jesus exalta no Evangelho de Lucas aquilo que responde à sabedoria dos filósofos platônicos, os jovens simples, porque através de sua fé eles percebem mais e veem mais profundamente do que os sábios deste mundo: "Abençoados são aqueles cujos olhos veem o que vós vedes. Eu vos digo: Muitos profetas e reis quiseram ver aquilo que vós vedes, e não viram, e quiseram ouvir aquilo que vós escutais, e não ouviram" (Lc 10,23).

Sábias não são as pessoas que sabem muito, mas sim aquelas que entendem. Para Tomás de Aquino, a essa sabedoria pertence não apenas a fé, que vê profundamente, mas também o amor. O amor se transforma para as pessoas nos olhos que as deixam ver. Quem crê e ama é verdadeiramente sábio. Ele vê a realidade como ela é.

O Apóstolo Paulo comparou a sabedoria dos gregos com a sabedoria da cruz. A sabedoria da cruz põe por terra a sabedoria dos gregos. No entanto, Paulo volta a falar no anseio dos gregos pela sabedoria: "E então falamos de sabedoria entre os perfeitos, mas não da sabedoria deste mundo" (1Cor 2,6). O espírito é aquele que nos revela a verdadeira sabedoria. "O espírito desvenda tudo, também a profundidade de Deus. Quem entre os homens conhece os homens, senão o espírito do homem, que o habita? Da mesma forma ninguém conhece Deus – apenas o Espírito de Deus" (1Cor 2,11). É o Espírito Santo quem nos conduz a toda sabedoria. O objetivo final da sabedoria é perceber Deus. Quem percebe Deus percebe também a profundidade de sua alma. E vive conforme seu ser. Ele não se deixa – fascinado pelo dinheiro, por exemplo – distanciar de si mesmo e ser determinado pelo exterior.

Como a sabedoria pode nos ajudar a reagir adequadamente às crises e aos conflitos de nossas vidas? Em primeiro lugar, a sabedoria nos deixa ver o mundo assim como ele é. Muitas crises surgem, porque organizamos o mundo segundo nossas próprias ideias. Então nos tornamos cegos à realidade. Existem pessoas que não querem ver sua verdade. Elas iludem a si mesmas. Porém, em algum momento isso leva a um colapso.

A sabedoria não nos dá, porém, apenas a coragem para olhar nos olhos da verdade. Ela abre nossos olhos para aquilo que se encontra lá no fundo. Para aquilo que sustenta verdadeiramente nossa existência. A sabedoria nos livra da fixação na aparência e do que se mostra em primeiro plano. Aquele que vê seu valor apenas no sucesso ou na propriedade deixa de ver a verdade de sua vida. Sua vida se torna vazia. Esse alguém perde sua própria profundidade. Sim, ele perde a relação com seu próprio coração. Seu saber é superficial. Ele se recusa a ver por detrás das coisas. A sabedoria relativiza a aparência. Ela também relativiza a questão do sucesso financeiro e do futuro seguro. O sábio fundamenta sua vida em Deus. E isso o liberta de ter de ser aprovado pelo julgamento do homem.

Nos dias de hoje eu me deparo com muitas pessoas que estão ávidas por comentários sobre a situação financeira atual. Elas pensam que comentários inteligentes poderiam lhes apontar um caminho para poder administrar seu dinheiro. Na maioria das vezes essas pessoas acabam chegando a uma avaliação muito pessimista ou muito otimista da situação. Ou veem tudo de um modo muito desfavorável ou ignoram os problemas. Neste caso, a sabedoria consistiria em ouvir o próprio coração, ouvir seu íntimo e procurar lá pelas respostas. A intuição individual sabe com frequência bem mais do que todo o saber dos outros.

Pessoas simples me disseram: “Sempre existiram altos e baixos. Tudo isso vai passar de novo”. Isso não retoca a situação, mas sim um saber, que vem da experiência. Esse saber relativiza todas as leis financeiras.

Ele acredita na experiência de séculos. Sempre existiram tempos de crise e tempos de prosperidade. Sábio é o homem que entende os altos e baixos da vida, que não se deixa levar à euforia quando tudo vai bem, e à depressão quando ocorre uma crise. Ele aceita a vida, assim como ela é; olha profundamente; vê que não depende apenas do salário e de um emprego seguro, mas sim de ser um bom homem, de seguir seus anseios por Deus e em meio a este mundo frágil compartilhar daquilo que está além de toda fragilidade.

Para Jesus, construir sua casa sobre Deus é sinal de inteligência. A inteligência é uma das irmãs da sabedoria. Quem constrói sua casa sobre as areias de suas ilusões, presenciará algum dia como sua casa desabará. Apenas quem ergue sua casa sobre o rochedo de Jesus Cristo é verdadeiramente inteligente e sábio. Sua casa não desmoronará, mesmo que as ventanias de crises externas soprem sobre ela ou as ondas e as vagas de correntes negativas ameacem derrubá-la.

A sabedoria também é questionada nas crises pessoais, que nos atingem continuamente. Muitos reagem às crises com agitação. E vão, por exemplo, de um médico para outro, de um terapeuta para outro – mas se tornam através das diversas avaliações cada vez mais inseguros. Aqui seria necessário o dom da sabedoria. Ela me protege de procurar a solução para minha crise fora de mim mesmo. A sabedoria me coloca em contato com minha intuição íntima. Quando ouço minha intuição, então se mostra, lá no fundo de minha alma, a maneira de superar a crise. A sabedoria me conduz à fonte de um conhecimento profundo, que se alimenta do conhecimento de Deus e que já se encontra em mim, no fundo de minha alma.

2. O dom do entendimento / da compreensão

Em latim o dom do entendimento é denominado *donum intellectus*. As palavras "entendimento", "juízo", "inteligência" são frequentemente empregadas em sentido semelhante. Por esse motivo, em primeiro lugar é bom examinar as palavras, antes de entendermos o que se quer dizer com o dom do entendimento.

Quando falamos de entendimento nos referimos à razão, que a tudo examina sem a mistura de emoções, de modo puramente racional. Porém, na maioria das vezes trata-se então de um entendimento frio, que não conhece nenhum movimento de sentimentos e que pensa ser objetivo. Porém, na verdade ele é moldado por intenções e preconceitos. Razão significa de fato: "cálculo", "avaliação", "reflexão". A gente costuma dizer que alguém "calcula friamente". Essa frieza não é objetividade, mas sim ambição egoísta e imposição dos próprios interesses. É um entendimento avaliado, que calcula exatamente o que ele é capaz de alcançar com este ou aquele ato. De que maneira então o entendimento pode ser um dom do Espírito Santo?

A palavra entendimento está associada ao entender. Aquele que entende algo pode relacionar-se com este algo e é também capaz de relacionar-se consigo mesmo e de se responsabilizar por si próprio e pela verdade. Eu entendo alguma coisa na qual me detenho por muito tempo para observá-la. Eu entendo uma pessoa quando me coloco diante dela, quando lhe preservo um espaço protegido, em que ela pode permanecer da maneira que corresponde ao seu ser. E eu entendo uma pessoa quando estou ao seu lado, quando me envolvo com ela.

Meu estar é acompanhado de bem-estar. E entender tem a ver com superar. Depois de superar alguma coisa, eu a entendo realmente. Dessa forma o entendimento está intimamente relacionado à nossa experiência do estar. Ele não é apenas um entendimento frio, mas ao mesmo tempo a capacidade de estar com as pessoas e consigo mesmo, e nesse estar reconhecer seu ser. Entender leva ao entendimento. Quando as pessoas estão umas com as outras, elas podem se entender. Então elas estão sobre uma mesma base. Elas têm os mesmos fundamentos de pensamentos e atos.

A palavra "compreensão" é empregada muitas vezes em sentido semelhante ao da palavra "entendimento". A palavra compreensão encerra em si o sentido de "ouvir", de "ter atenção sobre". Segundo Karl Lehmann, compreensão significa que "nós atentamos àquilo que nos dizem, que estamos abertos à realidade como um todo e a todas as situações humanas. A compreensão humana, como conhecimento final, está sempre dependente de prestar atenção às coisas e de ouvir" (LEHMANN, apud SANDFUCHS, 1977: 18). Quem percebe aquilo que vem ao seu encontro, entende e vê o seu interior. E, portanto, a compreensão está associada ao entendimento. É desse entendimento que trata o segundo dom do Espírito Santo. Porque em latim ela não consiste apenas no *donum rationis*, mas sim no *donum intellectus*. A palavra *intellectus* vem de *intus legere*, que pode ser traduzida como "ler internamente". O entendimento – o ler internamente aquilo que eu percebo – só é possível, porém, quando eu estou de acordo com aquilo que é, quando não observo as coisas apenas em sua aparência, mas sim quando de algum modo as penetro e olho seu interior. A filosofia da Idade Média diz que o amor sempre faz parte do entendimento. Somente quem ama vê realmente, porque ele entende as coisas a partir de seu interior.

Nós pensamos muitas vezes que o entendimento seria algo puramente objetivo e que entenderíamos as coisas como elas são. Mas na verdade nosso entendimento é dependente de muitos preconceitos. Nós tentamos, com nosso entendimento, fundamentar e justificar aquilo que já havíamos estabelecido anteriormente como nossa opinião ou com nossa vontade. Nós procuramos por motivos para satisfazer nossa necessidade de ter razão e nossa necessidade de ordenar as coisas em função de nosso gosto individual. Por esse motivo, é bom quando vemos o entendimento como um dom do Espírito Santo. Nós precisamos do Espírito Divino, para que nosso entendimento seja livre de preconceitos, para que ele não seja mal utilizado ao fundamentar nossos desejos e interesses. O Espírito Santo nos auxilia a ver as coisas como elas são, a entendê-las como foram imaginadas por Deus.

Na filosofia do Iluminismo o entendimento, a razão, tem uma autoridade suprema. Deus também foi colocado diante do "tribunal da razão". Ele teve de se justificar diante da razão. O filósofo Gottfried Wilhelm Leibniz tratou da questão da Teodiceia, a questão de como Deus se coloca diante do sofrimento no mundo. Assim, Deus foi arrastado e posto diante da cadeira do juiz. Para Leibniz, Deus não precisa se justificar, porque Deus criou o melhor de todos os mundos possíveis. Contudo, outros filósofos colocaram a razão acima de Deus: Deus seria o irracional e com isso poderia ser abandonado. Apenas aquilo que é racional tem validade.

O grande desejo do Papa Bento XVI é reconciliar a fé com a razão. Somente uma crença, que também se ajusta à razão, pode sobreviver neste mundo. Sem a razão a fé muitas vezes se torna fundamentalista. Então a fé coloca os princípios da crença como absolutos e confunde os princípios da fé com a própria fé, que finalmente é imaginada como confiança em Deus. Uma fé que não dá atenção à razão não percebe que os princípios de sua crença não são a própria verdade. A verdade está além dos princípios e das palavras. As palavras são imagens que abrem uma janela, através da qual olhamos a verdade. Porém, a verdade não se deixa aprisionar em palavras.

Santo Anselmo de Cantuária, de quem recebi meu nome de batismo, criou a frase: *fides quaerens intellectum* – "a crença, que busca por entendimento". Crer também significa, sempre, procurar compreender aquilo em que acredito. Muito embora a razão não seja o padrão da crença. Porém, uma fé que eu não entenda não me proporciona qualquer firmeza. Isso é válido para qualquer momento. A fé não é uma propriedade que eu possa levar confiante para casa. Eu preciso compreendê-la constantemente.

Eu já falei e escrevi muitas vezes sobre o mistério da transformação humana de Deus em Jesus Cristo e também refleti sobre nossa redenção. No entanto, quando falo sobre o tema da fé preciso constantemente me perguntar: O que isso significa realmente? Como posso entender isso? A fé supera a razão. Contudo, ela não está contra a razão. Eu tenho a obrigação, diante da minha razão, de também procurar entender aquilo em que acredito. Senão a fé em algum momento se tornará vazia – ou eu defenderei minha crença de forma rígida.

O medo de perder a fé me faz limitado e agressivo. Entender a fé significa, a partir da palavra latina *intellectus*, movimentar as palavras da crença de lá para cá em meu coração, lê-las internamente, descobrir o lado interior destes princípios e ao mesmo tempo aceitar os princípios da fé nas profundezas de minha alma, de forma que lá eles possam desabrochar e surtir efeito.

Tomás de Aquino entende o dom do entendimento como um dom especulativo e prático. Como dom especulativo ele nos ajuda a compreender profundamente as verdades da fé. O entendimento é uma luz que ilumina nossa razão. E Tomás compara esse dom com a sexta bem-aventurança: "Bem-aventurados sejam os limpos de coração, pois eles verão a Deus" (Mt 5,8). Quando a luz do Espírito Santo ilumina nosso entendimento, então ele perde todas as intenções secundárias, e pode reconhecer pura e claramente a verdade da revelação, sem subordiná-la às suas próprias necessidades. O dom do entendimento também é um dom prático. Ele nos deixa reconhecer o que devemos fazer. Segundo Tomás, a vontade deseja apenas aquilo que é reconhecidamente certo e bom. O entendimento iluminado pelo Espírito Santo reconhece, portanto, aquilo que é adequado à nossa ação, para que consigamos alcançar o objetivo eterno.

O dom do entendimento significa que nosso intelecto é iluminado pelo espírito divino, para que ele compreenda corretamente as coisas. Apenas aquele que entende o mundo e as coisas obtém uma boa estabilidade. Isso é válido para toda e qualquer crise, quer ela atinja o mundo inteiro ou atinja somente a uma pessoa. Quando não entendemos as relações, entramos em pânico. Nós temos a impressão de que tudo desabará. Aquele que não compreende a crise está facilmente em perigo de aparecer algum cenário de declínio e ver tudo de forma negativa. Aquele que entende a crise não sente que o chão foge de seus pés, pois, apesar de tudo, tem uma boa estabilidade.

Sem o entendimento e a compreensão estamos propensos a acreditar em qualquer teoria. Alguns desenvolvem teorias de conspiração. Como, por exemplo, a de que a crise financeira mundial teria sido propositadamente posta em marcha pelos maçons. Esses tipos de teorias aventureiras obscurecem o entendimento humano. Aqui é necessário pedir que o Espírito Santo ilumine nosso entendimento para que possamos entender as relações de nosso mundo. Do contrário, o mundo se transforma para nós em algo ameaçador. E o medo das nuvens negras se torna cada vez mais forte.

Isso também vale para o estar consigo mesmo. Muitas pessoas condenam a si próprias, porque com 50 ou 60 anos de idade continuam a ser sensíveis ou ciumentas ou coléricas. Elas trabalharam muito em si mesmas. Elas fizeram uma terapia, trilharam caminhos espirituais, meditaram muito e leram muitos textos místicos. No entanto, agora elas têm a impressão de que tudo isso não serviu para nada. Elas continuam sensíveis do mesmo jeito. E algumas vezes a depressão se apodera delas. Em situações como essas é importante compreender a si mesmo.

Apenas aquele que compreende a si próprio pode estar consigo mesmo. Então eu analiso minha sensibilidade, procuro por suas causas. Talvez elas estejam em alguma mágoa da infância. Quando eu entendo de onde vem minha sensibilidade ela não deixa de existir por causa disso. Porém, eu não me condeno mais quando reajo sensivelmente. Eu estou comigo. Isso relativiza a sensibilidade. Ela faz parte de mim. No entanto, eu já não estou mais em suas mãos. Quando estou comigo, posso penetrar mais profundamente em meu íntimo e descobrir o lugar onde a sensibilidade não tem qualquer acesso. Esse é o espaço interno de serenidade, no qual Deus me habita.

3. O dom do conselho

Em latim o terceiro dom do Espírito Santo chama-se *donum consilii*. Este é o dom do conselho, da reflexão e da deliberação. *Consilium* também pode significar perspicácia e prudência.

Na Roma Antiga o senado era dirigido por dois cônsules. Eles sempre atuavam em dupla. Sempre tinham de se aconselhar um com o outro. Na conversa mútua eles deveriam reconhecer o que é melhor para o Estado. O prefixo *con-* expressa que não é um que dá conselho ao outro, mas sim que as pessoas umas com as outras buscam um caminho que todos possam trilhar e que seja benéfico a todos.

Em alemão, a palavra empregada para "conselho" é *Rat*. *Rat* significa originalmente os recursos que são necessários para o sustento da vida. Nós falamos de reservas ou de utensílios. Esse significado original foi então modificado. Também se tratava de conseguir o necessário para o sustento da vida e dessa forma remediar a penúria. Aconselhar significava, em sua origem, formular previamente alguma coisa mentalmente, refletir, idealizar algo, tomar precaução, sugerir e recomendar. Nos países de idioma alemão, muitos evitam dar conselhos e no máximo expressam uma recomendação, pois acham que na palavra *Ratschlag* está contida a palavra *Schlag* (bater, vencer, derrotar), que seria uma palavra agressiva. No entanto, aconselhar significa proporcionar ao outro aquilo que ele precisa para viver. Nós devemos dar-lhe alguma coisa com palavras, alguma coisa que o alimente e que o ajude a dar conta de sua vida. Com isso o conselho se limita ao auxílio que oferecemos ao outro. Nós lhe damos algo em mãos – mas o que ele vai fazer com este algo está sob sua própria responsabilidade.

Conselho significa de fato recomendação. A palavra recomendação (em alemão, *empfehlen*) está associada à palavra *befehlen*, que significa "ordenar", "impor", mas originalmente tinha seu sentido ligado a "confiar", "entregar". Na linguagem religiosa ainda utilizamos a palavra neste sentido: "Eu entrego/recomendo minha alma a Deus". Ou como se diz na canção de Paul Gerhardt: Entregue/recomende teus caminhos e aquilo que magoa teu coração aos cuidados mais do que confiáveis daquele que conduz o céu". No idioma alemão, a palavra *Empfehlung* possui uma sonoridade mais suave do que a palavra *Ratschlag*, na qual apesar de todas as explicações nós ainda continuamos a ouvir a palavra agressiva *Schlag*. Aquilo que eu mesmo percebo como correto, eu recomendo ao outro. Coloco sob sua guarda e lhe entrego, para que ele próprio possa identificar se essa recomendação também pode ajudá-lo em seu caminho.

Segundo Tomás de Aquino o dom do conselho consiste em identificar os atos corretos dos cristãos nas situações concretas respectivas e demonstrá-los. O Espírito Santo deve nos auxiliar a reconhecer o que deve ser feito na respectiva situação de vida. Para Tomás, Deus é um deus conselheiro. Ele nos fala por meio do Espírito Santo, para nos mostrar como nós devemos nos comportar nas diversas transformações da época. Com isso, conselho não significa apenas a percepção da vida individual, mas também significa a capacidade de acompanhar e conduzir outras pessoas.

Tomás de Aquino estabelece uma relação entre o dom do conselho e as virtudes humanas da inteligência e da prudência. No nível puramente humano, essas duas virtudes também são sempre limitadas. Porém, o Espírito Santo enriquece essas virtudes humanas. Ele as habilita para contribuir para o sucesso da vida. O interessante é que Tomás associa o dom do conselho com a quinta bem-aventurança: "Bem-aventurados os misericordiosos, pois eles encontrarão misericórdia" (Mt 5,7). O conselho não deve ser impiedoso, como se martelássemos com ele nos ouvidos das pessoas. Pelo contrário, ele precisa da qualidade da compaixão. O conselho precisa vir do próprio coração, que está preenchido pela misericórdia de Jesus Cristo. Na situação atual um "bom conselho é caro", como diz o ditado. Na mídia existem inúmeros comentários a respeito da crise financeira atual, da crise da humanidade e de suas causas. No entanto, é quase impossível deduzir um conselho verdadeiro a partir deles. Os banqueiros ou os gerentes são aconselhados, no máximo, a não ser tão gananciosos e a dispensar o pagamento de seus bônus. No entanto, a maneira como nós, pessoas simples, devemos reagir à situação – como nós devemos lidar com a ameaça do desemprego e a situação de pobreza material que é sua consequência –, é, na maioria das vezes, ignorada. Procura-se por soluções globais. O indivíduo é deixado sozinho. O Espírito Santo também não nos dá um conselho que possamos simplesmente seguir. Mas ele delibera junto conosco, com nosso entendimento, para que nós mesmos – iluminados por sua luz – possamos encontrar para nós um caminho certo para sair da respectiva situação.

Eu não me atrevo a dar um conselho genérico às mães solteiras, aos pais desempregados e às crianças empobrecidas sobre como devem lidar com sua situação. Mas o dom do conselho, que nos é dado pelo Espírito Santo, não nos deixa sozinhos nessa situação. Essa é uma é promessa consoladora para o indivíduo. Ele próprio deve refletir sobre aquilo que é possível realizar em uma situação de crise. Porém, muitas vezes a própria situação lhe parece confusa e sem saída. O dom do conselho quer nos encorajar a não parar de refletir. E nós não estamos sozinhos em nossas reflexões. Nossa perspicácia, que Deus nos ofertou como virtude, é ao mesmo tempo iluminada pelo Espírito Santo. Ela identificará o caminho que devemos seguir. O conselho é aquilo que precisamos como sustentáculo. Trata-se daquilo que nos auxilia a levar nossa vida a bom-termo. Ele é, sobretudo, o abastecimento de nossa alma com esperança e clareza. Existem em nós muitos recursos para encontrar um caminho de saída da desesperança.

Muitos me perguntam atualmente o que devem fazer na crise financeira de nossos dias, como devem lidar com as economias ou com os fundos que separaram para uma segurança financeira na velhice, e que agora perderam seu valor. Eu não sou um clarividente e não posso prever o futuro. Mas, uma coisa eu posso aconselhar: não perder a calma, não enfiar a cabeça na areia, respirar fundo e acreditar que após uma crise uma chance volta a surgir, que o dinheiro não está perdido, mas que apenas tenha se desvalorizado. Os fundos voltarão a ter lucros tão logo a situação da economia, das ações ou das aposentadorias melhore. Aquele que reage à crise com pânico perde a cabeça. O medo lhe será um mau conselheiro. Aquele que reage sempre com medo perderá sempre. O medo da perda pode me alertar a não ultrapassar meu padrão. Mas ele não pode me mostrar o caminho de como reagir à crise com sensatez.

Muitas pessoas não pedem conselhos apenas por causa da crise financeira. Elas me descrevem seus problemas com seus filhos, em seu casamento, em seu local de trabalho. Elas querem muito receber um conselho que lhes diga como lidar com seus problemas. Um homem, por exemplo, sofre com a rejeição por parte de seu pai e cortou todos os contatos com ele. Porém, ele também não está feliz com isso. Ele não quer apenas ser ouvido, ao contrário, ele quer um conselho. Uma mulher sofre porque seu marido tornou-se depressivo e desde então mudou completamente. Ela tem a impressão de que tudo que ele quer é recompensar-se por tudo que fez pelos outros até agora, pois só pensa em si mesmo.

Quando escuto as pessoas, na maioria das vezes eu também não sei qual a melhor maneira que elas deveriam utilizar para lidar com suas situações específicas. Então, eu lhes pergunto como elas vivenciam estas situações. Eu também lhes pergunto o que, segundo sua opinião, poderia ajudá-las. Então, algumas vezes elas próprias têm alguma ideia. Mesmo assim, elas ainda me perguntam o que eu faria. Eu não devo cair na armadilha de dar autoritariamente um conselho que os outros devem seguir sem questionar. Porém, mesmo assim as pessoas querem um conselho. Então eu tento ouvi-las e também ao Espírito Santo. Com frequência surge do íntimo uma imagem daquilo que poderiam fazer. Eu exponho essa imagem ao meu interlocutor. No entanto, sempre deixo que a decisão seja tomada pelo outro. Ele próprio tem de sentir se minha oferta é harmoniosa para ele. Mas, se ele pode imaginar que esse é o caminho a ser seguido, então eu também combino com ele passos concretos de como ele deve proceder. Um conselho não é algo que possamos simplesmente levar para casa. Ele é um caminho que nós mesmos precisamos trilhar.

4. O dom da fortaleza

O dom do conselho se dirige ao entendimento, o dom da força à vontade. Em latim este dom se chama "donum fortitudinis". Ele é a força que também possibilita a luta pela vida e pelo bem. O dom da força também está sempre associado à virtude da coragem. Se estiver convencido de alguma coisa, luto por ela, mesmo que eu seja ferido. Coragem significa não fugir aos desafios do tempo, mas sim enfrentá-los.

O corajoso também faz de si mesmo um ser vulnerável. Ele não se orienta pela maioria, mas sim pela sua consciência. Ele encara a face do problema e procura resistir. Por esse motivo a perseverança e a firmeza também sempre fazem parte do dom da fortaleza. Em grego a perseverança é denominada *hypomone*. Essa é a virtude de ficar de pé e resistir aos ataques internos ou externos. Aquele que possui em si o dom da fortaleza tem energia bastante para também resistir às crises que o atingem. As crises interiores – provocadas pela transformação de situações concretas de vida ou pelas turbulências de sua alma –, assim como as crises exteriores, que como a crise financeira atingem a todos da mesma forma, não podem mais lhe fazer nada.

O Espírito Santo quer abrir nossos olhos, para que descubramos em nós a capacidade da bravura, da energia e da força. Mas nós também o invocamos para que ele preencha nossas próprias capacidades com sua energia. Quando falamos do dom do Espírito Santo, temos então confiança de que o Espírito de Deus vem ao nosso auxílio. Todos têm em si mesmos alguma força. Mas muitas vezes esta força não é suficiente para resistir às turbulências de nossa época. Por esse motivo, é consolador saber que o Espírito Santo nos fortalece. Ele pega aquilo que já existe em nós e aperfeiçoa. Ele confere nova energia às forças que já possuímos a partir de nosso caráter. Então, não precisamos ter medo de não conseguir passar pela crise. O Espírito Santo nos oferta a confiança de que conseguiremos isso. Ele nos dá sua força quando nossas próprias forças nos abandonam.

Na Bíblia o Espírito Santo é sempre associado à força. O Espírito Santo impulsiona Jesus a ir para o deserto. Jesus realiza seus milagres com a força do Espírito Santo e prega aos homens a boa-nova preenchido pelo Espírito Santo. Após ser tentado, quando a força do Espírito Santo se revela mais forte do que o poder do demônio, Jesus retorna à Galileia "repleto pela força do Espírito" (cf. Lc 4,14). Na Sinagoga de Nazaré, Jesus lê a passagem do livro do Profeta Isaías: "O Espírito do Senhor está sobre mim, pois o Senhor me ungiu. Ele me enviou para que eu leve a boa-nova aos pobres; para que eu anuncie a libertação dos cativos e a visão aos cegos; para que eu coloque os oprimidos em liberdade e proclame um ano da graça do Senhor" (Lc 4,18). É a força do espírito que possibilita a Jesus anunciar sua mensagem, curar os enfermos e libertar os cativos. A força do Espírito Santo envia a Jesus seus apóstolos, para que eles continuem sua ação neste mundo.

Após a ressurreição, Jesus promete conceder esse espírito aos apóstolos: "Vós recebereis a força do Espírito Santo, que descerá sobre vossas cabeças; e sereis meus testemunhos em Jerusalém e em toda Judeia e Samaria e até às fronteiras da Terra (At 1,8). O poder do Espírito Santo habilitou os apóstolos a proceder da mesma forma que Jesus. Estêvão, assim como Jesus, perdoará seus algozes ao morrer. E Pedro e João, no poder do Espírito Santo, assim como Jesus, realizam o milagre da cura e reerguem os paralíticos. Pedro justifica o milagre com a fé do paralítico. A fé em Jesus teria "dado forças, a fé, que vem através dele, lhe deu a saúde diante dos olhos de todos vocês" (At 3,16). Paulo percorre, com a força do Espírito Santo, todo o mundo habitado, e proclama o Evangelho de Jesus Cristo. Ele comunica aos primeiros cristãos uma nova força vital: o poder do Espírito Santo, que os auxilia a uma vida nova. "Esta nova energia de vida, esta dinâmica presenteada por Deus tem efeito sobre aquele que se abre conscientemente para o efeito do espírito de Deus, de diversas formas" (KNOCH, apud SANDFUCHS, 1977: 91). Em alguns indivíduos a força do Espírito Santo se mostra no dom da profecia, em outros no dom da cura, em outros ainda como força da fé. A energia do Espírito Santo se mostra em Paulo na capacidade de vivenciar em seu próprio corpo o mesmo sofrimento pelo qual Jesus passou, e de suportar esse sofrimento. Muito embora fosse, aparentemente, de estatura pequena e tivesse uma saúde fraca, ele desenvolveu uma força monstruosa.

É pela força do Espírito Santo que estamos suplicando, quando rezamos pelo dom da fortaleza. Esta "dynamis" é a força "para acabar com todas as adversidades, e para, apesar e através de tudo, não perder o sentido de nossa própria vida. E isso quer dizer sem amargura e sem decepção, sem resignação e sem insatisfação" (p. 94). O dom da fortaleza nos ajuda a não nos deixarmos desencorajar por meio de tudo que nos acontece e tudo aquilo que frustra nossos planos, mas sim a passarmos corajosamente por todas as crises.

É exatamente deste dom da fortaleza que nós precisamos nos nossos dias. Os psicólogos se referem ao nosso tempo como um tempo de lamentação. Nós deploramos a nós mesmos, porque a própria vida não parece ter dado certo como a imaginávamos. Compadecemos de nós mesmos porque não pudemos abraçar a profissão que queríamos, porque não encontramos o parceiro ou a parceira que desejávamos ter em um relacionamento.

Quem luta assume o risco de ser machucado. Alguns, no entanto, preferem se lastimar de que a vida não lhes dá aquilo que esperam para si mesmos. Eles permanecem sentados em seu ninho e acusam o mundo, porque este não lhes daria aquilo a que têm direito. No entanto, eles mesmos não fazem nada para lutar por aquilo que desejam. Diante desta lamúria, o dom da fortaleza nos torna capazes de enfrentar a vida com seus desafios e a não nos entregarmos.

Paulo nos mostra, na Segunda Carta aos Coríntios, o que o dom da força lhe possibilitou: "De todos os lados somos encurralados e, no entanto, ainda encontramos espaço; nós não sabemos de uma coisa nem de outra e mesmo assim não nos desesperamos; nós somos perseguidos, mas não estamos abandonados; nós somos abatidos, porém não somos aniquilados" (2Cor 4,8). Nós conhecemos situações desse tipo. Quando perdemos o emprego, nossa situação financeira se torna cada vez mais apertada. Mas nós também somos encurralados por pessoas – como, por exemplo, quando somos vítimas de assédio psicológico no trabalho ou quando o chefe nos provoca medo. Em meio à situação em que as pessoas o encurralam, Paulo ainda encontra um espaço. Ele encontra um espaço que os outros não podem determinar ou penetrar e no qual ele sabe que está protegido por Deus. Mesmo sem saber de nada, mesmo desorientado, ele não desespera. O Espírito Santo ainda lhe dá esperança mesmo nas situações sem perspectiva. Nós conhecemos a experiência da perseguição. Em nosso ambiente de trabalho nossos superiores costumam nos perseguir com frequência. E algumas vezes somos nós mesmos que provocamos essa perseguição. Quem persegue a si mesmo se odeia. Paulo não se sente abandonado quando é perseguido. A proximidade de Deus o liberta da ameaçadora proximidade dos homens, que o odeiam e perseguem. Mesmo quando Paulo é abatido pela doença, pela fraqueza ou pela perseguição, mesmo assim ele não se sente aniquilado. Sua dignidade não pode ser roubada por ninguém. Ela está repleta da energia do Espírito Santo e por isso ele não pode ser destruído por nenhum perigo, por nenhum golpe do destino que o atinja e contrarie seu plano de vida.

Nunca precisamos tanto quanto hoje do dom da fortaleza, pois muitas vezes os desafios parecem ser superiores às nossas forças. Uma mulher, por exemplo, está feliz porque está grávida. Mas então seu marido tem de se submeter a uma jornada de trabalho reduzida. De uma hora para outra, sua situação financeira se tornou ameaçante. Eles compraram uma casa quando os dois ainda tinham grandes planos. Porém agora tudo está em questionamento. Um simples conforto não tem aqui qualquer utilidade. Em situações como essa é conveniente pedir pelo dom da fortaleza, que o Espírito Santo desperta em nós. Uma outra mulher se sente oprimida por sua irmã, que sempre se lamenta e que lhe rouba toda sua energia quando vem visitá-la. Ela acaba com a alegria da família. A essa mulher a gente só pode desejar a força do Espírito Santo, para que ela possa ter condições de suportar sua irmã, que gira lamuriosa em torno de si mesma.

Uma mãe divorciada se sente exigida demais. Ela tem de lutar em diversos campos de batalha. Com seu filho, que lhe censura por não apoiá-lo o bastante, com o ex-marido, que se recusa a pagar a pensão combinada, com seu local de trabalho, no qual existem problemas. Algumas vezes ela tem a impressão de que tudo desaba sobre ela. E ela tem medo de sucumbir sob toda essa carga. Em uma situação dessas, ela precisa da confiança de que não está sozinha com a pouca força de que dispõe, mas de que a força do Espírito Santo preencherá de energia a força que já possui. O Espírito Santo pode lhe dar coragem para que não desista e caminhe para o futuro confiante na força que Deus lhe envia. Assim resta a ela apenas esta prece: "Venha a mim, Espírito Santo, e me fortaleça! Sozinha eu não sou capaz! Mas você pode me conceder a força de que preciso para conseguir tudo que é agora esperado de mim".

5. O dom do conhecimento / da ciência

O dom do conhecimento não tem nada a ver com o que designamos hoje como ciência. Em latim se emprega a palavra *scientia*, que significa o conhecimento e a própria ciência.

A tradição cristã já relacionava o dom do conhecimento, o dom do entendimento e o dom da sabedoria desde os sacerdotes gregos. A gente tinha em mente a filosofia de Aristóteles, que fala de três diferentes formas do perceber: "O dom do entendimento, em latim *intellectus*, corresponde à percepção, que está na base da formação do conceito; o dom do conhecimento, em latim *scientia*, corresponde à formação de um parecer, de uma opinião; o dom da sabedoria, *sapientia*, corresponde à capacidade dos filósofos, de ver todas as coisas sob a luz dos primeiros e principais princípios" (LOBKOWICZ, apud SANDFUCHS, 1977: 26).

O dom do conhecimento é, portanto, o dom de entender corretamente as escrituras e as lições da Igreja. Segundo Tomás de Aquino o dom da sabedoria (do qual já falamos acima) se constrói sobre coisas divinas, enquanto que o dom do conhecimento trata de um "julgamento seguro em assuntos [...] que dizem respeito a este mundo e à nossa vida cotidiana" (p. 27).

Agostinho aproxima o dom do conhecimento à segunda bem-aventurança: "Bem-aventurados os que sofrem, pois serão confortados" (Mt 5,4). Agostinho entende o sofrimento como uma atitude que nos molda enquanto vivemos. "Bem-aventurado aquele que se lamenta por não agir segundo os desejos de Deus, por se deixar seduzir por opiniões e coisas deste mundo" (p. 27). Com isso Agostinho já antecipava o que a psicanalista Margarete Mitscherlich vê como luto pelas chances perdidas, pelos sonhos de vida não realizados, pelo fracasso pessoal e pela não satisfação das exigências individuais impostas à vida e a si mesmo. O conhecimento verdadeiro vê o mundo da forma que ele é. Ela lamenta que o mundo não corresponda à ideia individual que fazemos dele. E o conhecimento verdadeiro também me vê de uma forma realista. Para possuir conhecimento verdadeiro é necessário que eu primeiro lamente por não corresponder à minha imagem ideal, por ser mediano e limitado. Somente então eu me vejo de forma realista. E nessa visão realista eu descubro também as minhas verdadeiras capacidades. No entanto, nós só seremos capazes de alcançar o verdadeiro conhecimento sobre nós e sobre o mundo quando deixarmos que o sofrimento retire o véu de nossos olhos.

Os sacerdotes da Igreja não buscam apenas pela ligação entre os sete dons e as sete bem-aventuranças ou os sete sacramentos. Pelo contrário, eles também meditam sobre a relação interior entre os sete dons. É com certeza aquele espírito que se expressa nos sete dons. São Gregório, o Grande, por exemplo, vê uma ligação entre o dom da ciência e o dom da piedade. Ele escreve: "Não existe nenhuma ciência, se ela não produzir nenhum fruto da piedade; e a piedade é inútil se lhe falta o discernimento da ciência" (p. 32).

Essa percepção é hoje bastante atual. Porque, em nossos dias, religiosidade e ciência estão cada vez mais distantes uma da outra. Existem pessoas que se refugiam na religiosidade, mas que ao mesmo tempo se recusam a utilizar seu entendimento. Existe um tipo de religiosidade que fecha os olhos à ciência, que tem medo das conclusões da física e da biologia, e principalmente das descobertas da psicologia. Essa religiosidade se defende contra todos os conhecimentos humanos. Porém, apenas uma religiosidade que esteja ligada ao saber fortalece os homens para sua vida. Uma religiosidade que teme o conhecimento torna-se facilmente fundamentalista e se aproxima da superstição. E muitas vezes se expõe ao mundo como ridícula.

O saber e a ciência não se relacionam apenas à nossa religiosidade, mas também ao conhecimento das relações deste mundo, das causas das crises, das consequências que podem surgir com isso, e das estratégias com as quais podemos reagir a elas. Mesmo em uma esfera puramente mundana nós precisamos do dom do Espírito Santo, para que possamos obter o conhecimento correto para corresponder aos desafios de nossas vidas. A religião em si só não é suficiente para solucionar todos os problemas. Nós precisamos adquirir também conhecimento bastante para desempenharmos bem nosso papel neste mundo. Por exemplo, é preciso conhecimento para estar a par dos assuntos tributários, para examinar as condições para obter recursos estatais. Nosso conhecimento é questionado quando se trata de nos candidatarmos a um emprego, ou quando se trata de saber como podemos exercer os direitos que o Estado nos assegura.

O dom do conhecimento é necessário nesta época, em que estamos rodeados por tanto conhecimento aparente. Quando lemos o jornal, consultamos a internet ou vemos televisão, uma grande quantidade de conhecimento chega até nós. Porém, na maioria das vezes esse conhecimento é apenas superficial. Não é um conhecimento que nos deixe ver as coisas como elas são. Então precisamos do dom do Espírito Santo, para que possamos ver claramente, para que possamos perceber as relações íntimas da situação mundial de nossos dias e também para que encontremos caminhos para reagir a isso de modo conveniente. Em vez de conhecimento aparente deveríamos adquirir conhecimento verdadeiro.

No entanto, não só existe apenas o conhecimento aparente, mas também o conhecimento frio. “Saber é poder”, diz o ditado. Existem pessoas que, de algum modo, acumularam conhecimento, mas não têm capacidade de entendimento. Existem pessoas que utilizam seu saber apenas para exercer poder sobre outras, que não entendem determinadas coisas.

Em contraposição, para Tomás de Aquino o dom do conhecimento é a capacidade de compreender melhor as relações do mundo e de então lidar com ele de maneira adequada. Esse dom a gente precisa adquirir por meio do aprendizado. Porém a tradição também vê no aprendizado um dom do Espírito Santo. Porque, para que eu identifique corretamente as coisas, preciso de sua assistência e de sua iluminação. E eu preciso do Espírito Santo para que meu saber não seja imodesto, mas sim puro e claro, para que eu me aproxime das coisas destituído de propósitos e não contamine meu conhecimento por meio de intenções negativas.

Durante as conversas, muitas vezes as pessoas me contam que estariam diante de uma crise na família por causa de um conflito aparentemente sem solução. No entanto, elas teriam pedido muito a Deus que as ajudasse. Porém Deus não ajudou. Então, quando elas me descrevem o conflito detalhadamente, eu percebo que elas não conhecem nenhuma das relações psicológicas nele envolvidas. Porém, são justamente essas relações que deveriam conhecer. Neste caso, em primeiro lugar se deveria questionar o conhecimento – e não desejar imediatamente uma solução religiosa. Somente quando eu conheço as condições psicológicas de um conflito e quando identifico os mecanismos mentais é que posso reagir adequadamente.

O saber realista é, nesse caso, o recurso de que precisamos para solucionar o problema. No entanto, aparentemente muitos não querem reconhecer as relações. Eles querem que eu lhes dê um conselho rápido, ou eles querem uma solução de Deus, que lhes poupe de forçar o próprio pensamento e de se preocupar com um conhecimento seguro da estrutura psíquica de cada um dos membros da família.

6. O dom da piedade

A palavra alemã *Frömmigkeit* – em português, religiosidade, piedade, devoção – soa de forma negativa. Atualmente preferimos falar de *Spiritualität* (espiritualidade).

Essa conotação negativa da palavra tem sua origem no entendimento extraterreno da piedade, principalmente na maneira como ele se desenvolveu no Pietismo. No entanto, uma piedade que não seja terrena não tem efeito neste mundo. É como uma fuga da realidade, e nesse sentido a gente pode extingui-la logo.

Walter Kasper diz: "Se a piedade se tornar algo que não é deste mundo, então o mundo não possuirá mais Deus" (KASPER, apud SANDFUCHS, 1977: 63). Em sua origem, a palavra piedade – em grego *eusebeia* – significava o respeito diante da realidade, da vida e dos preceitos do mundo. Ela se expressava principalmente no culto, que naquela época era o fundamento do Estado. Quem rejeitasse o culto não seria apenas ímpio, mas também se colocava contra o princípio do Estado.

Os romanos traduzem *eusebeia* como *pietas*. Com esta palavra os romanos designam em primeiro lugar o amor pelos pais, irmãos e parentes, e pela pátria. E *pietas* também é entendida como conscienciosidade e como comportamento obrigatório diante dos pais e de Deus. Tomás de Aquino tomou essa conceituação de piedade e a associou à veneração a Deus, que é o pai de todos nós. Para Tomás o dom da piedade é então a capacitação de venerar a Deus, de servir a Deus como nosso pai – e ao mesmo tempo também de servir a toda a humanidade de maneira altruísta. Tomás também não entende a piedade como algo que não pertence a este mundo. Pelo contrário, ele a entende como veneração a Deus e como respeito a Deus e ao servir à humanidade.

Hoje não podemos mais voltar a esse conceito de piedade grego ou romano. A piedade cristã se distingue, por um lado, pelo respeito diante de Deus e diante do mundo. Ela leva a sério o mundo e sua ordem. Em vez de transformar o mundo de forma arbitrária, a piedade tenta ser imparcial com o mundo e com suas estruturas. Por outro lado, a piedade cristã se destaca através da liberdade interior, que ela adota diante do mundo. "Aquele que encontra em Deus o último motivo e o último sentido de sua existência será libertado da órbita e das incondicionalidades das exigências das mentalidades e das plausibilidades dominantes, ele se tornará livre diante daquilo que a Bíblia chama de mundo, com o que para ela quer dizer: o mundo que se absolutiza a si próprio, que se fecha em si mesmo. A coragem para um determinado inconformismo, para formas de vida alternativas, faz parte essencial da herança de Jesus" (p. 68).

O homem devoto não se adapta facilmente a este mundo. Ele não repete maquinalmente as opiniões dos líderes do mercado. Ele forma sua opinião própria e tem a liberdade interior de também defender essa opinião, mesmo que ela seja ridicularizada. O monopólio de pensamentos, que hoje impera em nossa sociedade, muitas vezes conduz à cegueira diante dos riscos de nosso sistema social e econômico. O homem devoto tem a coragem de ver livremente este mundo com seus próprios olhos e chamar a atenção para aquilo que contradiz o bem-estar da humanidade.

O outro aspecto da piedade é a justiça. A Bíblia exalta o homem justo. Com isso, na maior parte das vezes ela se refere a nenhum outro homem, do que ao homem devoto. A piedade cristã "não pode ficar de fora dos conflitos, quando se trata da luta contra a pobreza e a opressão, assim como da concretização da dignidade humana, do direito e da justiça para todos os seres humanos. Ela não pode se colocar de forma neutra sobre todas as frentes de batalha; a piedade é ao mesmo tempo mística e política" (p. 69). A piedade cristã é uma piedade mundana. Ela é o culto divino no mundo cotidiano. Assim, ela é um auxílio a sobreviver neste mundo, mesmo quando tudo está confuso, quando a velha ordem se desfez e uma nova ordem ainda não pode ser visibilizada.

Porém, como o dom da piedade pode ajudar a superar as dificuldades neste mundo? Em primeiro lugar, a piedade não é apenas uma atitude que nós mesmos temos de praticar, mas sim um dom. Ela é um dom do Espírito Santo que nos possibilita a tratar este mundo da forma que corresponde à vontade de Deus. Por conseguinte, ela nos liberta da cobiça de querer tirar vantagem do mundo para nós mesmos. Ela nos mostra o caminho para lidar com o mundo, ao preservarmos e respeitarmos a sua estrutura interna. Ela não é apenas a força interior para resistir às crises, mas sim a capacitação de reformular este mundo de uma nova maneira – ou seja, de reformulá-lo de modo que corresponda ao desígnio de Deus.

Nos dias de hoje, muitos cientistas ou políticos tentam dominar as crises por meio de programas rápidos. No entanto, muitas vezes parece esconder-se por trás disto um tipo de ação, que se nega a observar as causas mais profundas das respectivas crises. A piedade é a disposição para, diante de uma crise, indagar sobre a vontade de Deus. O que Deus deseja nos dizer por meio dessa crise? E qual a ordem econômica que está à altura da vontade de Deus? Não se trata apenas de consertar a velha ordem. Nós precisamos prestar contas diante de Deus sobre se aquilo que desenvolvemos corresponde ao mundo que Deus idealizou e se serve ao bem-estar da humanidade.

A piedade em sentido cristão é também a disposição de questionar a vontade de Deus nas crises pessoais de vida. Toda crise também quer me dizer alguma coisa. Em cada uma delas alguma coisa se desagrega em minha vida. É separada, para que possa ser reunida de uma nova maneira. Não se trata de superar a crise o mais depressa possível, mas sim de compreender os desafios, de me reorientar em Deus e de construir minha vida sobre Deus – e não de me concentrar nas coisas que durante a crise me são tiradas das mãos ou que vêm abaixo sob as minhas mãos.

A solução religiosa não deixa de considerar os conhecimentos psicológicos sobre as causas ou sobre o significado interior de minha crise. Ela lhes dá valor. Porém a solução religiosa não busca um "truque" rápido para superar a crise.

Devoto é o homem que apresenta sua crise a Deus e que diante de Deus primeiro a examina com olhos puramente científicos, mas depois também com os olhos da fé. Os olhos da fé me mostram que a crise, afinal, quer me fazer despertar diante de Deus, e que eu preciso de um fundamento sustentador para minha estrutura de vida. E, afinal, que esse fundamento só pode ser Deus.

7. O dom do temor a Deus

A Bíblia diz que o temor ao Senhor seria o princípio de toda sabedoria (cf. Sl 111,10). Porém, hoje temos dificuldade com o conceito de "temor ao Senhor". Nós não queremos mais saber de um Deus que provoca medo.

No entanto, temor é algo diferente de medo. O estudioso do Antigo Testamento Gerhard von Rad pensa que no conceito bíblico do temor ao Senhor o emocional está ausente. Esse conceito se referiria à relação com Deus e ao conhecimento sobre Deus. Os psicólogos da religião falam do Deus fascinante e tremendo. De qualquer maneira, Deus é aquele que me faz tremer internamente e que pode me comover. Qualquer experiência profunda – seja ela apenas a beleza impressionante de um crepúsculo ou o ameaçador em uma tempestade – estremece a alma humana. Essa experiência tem em si alguma coisa de temor. Portanto, o temor de Deus quer dizer que eu sou afetado por Deus, que eu respeito a Deus, que eu não sei da grandiosidade e da alteridade divinas apenas a partir de meu entendimento, mas que as sinto em meu coração.

Para Tomás de Aquino o dom do temor a Deus é a aptidão da vontade de se submeter totalmente a Deus e de realizar seu desígnio. Ele associa o temor a Deus às virtudes da esperança, do amor e da humildade. O temor a Deus não é nenhum oposto do amor, ele dá capacidade ao amor para se submeter integralmente a Deus e de unir-se a Deus. O temor a Deus dá asas ao amor para se esquivar do mal, para que Deus possa penetrar todas as áreas de nosso corpo e de nossa alma.

Tomás de Aquino cita uma frase do Papa Gregório, o Grande: "O temor foi dado contra o orgulho" (SCHINDLER, 1915: 27). O orgulho consiste em querermos ser iguais a Deus. Por isso, não estamos preparados para nos submetermos a Deus. Nós queremos ser como Deus. Esse querer-ser-como-Deus é para a Bíblia o pecado original. O querer-ser-como-

Deus continua ainda hoje a ser um perigo constante em nossa sociedade.

De que maneira o temor a Deus pode nos ajudar a poder sobreviver neste mundo? Em primeiro lugar, a gente poderia dizer que o temor a Deus liberta do temor ao homem. Aquele que tem seu fundamento em Deus não precisa se fazer estimar por todas as pessoas. Ele não constrói sua casa sobre a areia da ilusão, de que todos o apreciariam. Ele constrói a sua casa sobre a rocha de Deus. São Bento exige do celeireiro, o administrador econômico de um mosteiro, que ele seja temente a Deus (cf. Regra de São Bento 31,2). O temor a Deus – assim pensa São Bento – nos torna capazes de lidar corretamente com este mundo e de não se envaidecer do poder individual. O temor a Deus transmite ao celeireiro a consciência de que ele deve servir aos irmãos e ao convento, em lugar de construir seu próprio mundo, no qual tudo que importa é apenas o seu sucesso.

O temor a Deus não soluciona todas as minhas crises. Porém ele as relativiza. Se uma crise abalar minha vida, não a igualarei imediatamente à vontade de Deus e pensarei que essa crise me foi enviada por Deus. Nesse contexto, conceitos do tipo "castigo de Deus" devem ser evitados em qualquer caso.

No entanto, eu também posso perfeitamente entender o abalo através da crise como se eu fosse abalado por Deus. Deus me toca na crise. Na crise eu sou sacudido. Então eu sinto que simplesmente não tenho o controle de minha vida, e que sempre ocorrerão abalos, que têm como objetivo me exortar a reorganizar minha vida e a mudar meus parâmetros.

4

A Sequência de Pentecostes como auxílio na crise

Quando eu me dedico à Sequência de Pentecostes e reflito sobre ela não me parece, em primeiro lugar, que ela seja uma resposta para as crises de nossa época ou para as muitas crises pessoais. Porém, no passado os cristãos sempre lançaram mão da Sequência de Pentecostes *Veni sancte spiritus* ou do hino de Pentecostes *Veni Creator Spiritus*, quando não sabiam mais como seguir adiante. Esses textos eram para eles um auxílio quando se sentiam por demais exigidos pelas circunstâncias externas ou internas e não conheciam mais nenhuma saída da crise. Mesmo que a meditação da Sequência de Pentecostes ou do hino de Pentecostes não seja um manual de comportamentos para lidar com a crise, os cristãos dos velhos tempos descobriram na meditação desses textos ajuda e encorajamento para se posicionar diante dos desafios da vida.

A Sequência de Pentecostes *Veni sancte spiritus* foi escrita por Stephan Langton por volta do ano 1200. Stephan Langton nasceu em 1150, em uma família de nobres ingleses. Durante muito tempo ele foi professor de Teologia em Paris e, a partir de 1207, Arcebispo da Cantuária. Morreu em 1228. A melodia também surgiu por volta do ano 1200. É uma das mais representativas melodias do período tardio do coral gregoriano. Na reflexão deste texto maravilhoso, gostaria de me prender aos pensamentos que Alfred Delp escreveu em 1944, no presídio de Berlim-Tegel. E eu gostaria de tentar atualizar suas interpretações também aos nossos dias. Alfred Delp foi preso na manhã de 28 de julho de 1944, logo após a celebração da Santa Missa, em Munique/Bogenhausen. Depois do atentado contra Hitler, chegou-se ao seu nome, entre outros, em função da relação com a comarca de Kreisau, em que Delp – com o consentimento da Ordem dos Jesuítas, da qual era membro – trabalhava. Primeiro Delp ficou preso na central da Gestapo em Munique. Em 7 de agosto foi transferido para Berlim. Lá permaneceu na prisão, primeiro na Rua Lehrter, depois em Berlim-Tegel e finalmente no Lago Plötzen, onde foi executado em 2 de fevereiro de 1945. Como prisioneiro político, Delp foi colocado sob condições severas de encarceramento. Ele tinha de permanecer algemado durante o dia e a noite. Com as mãos amarradas escreveu correspondências clandestinas que ele conseguia enviar com a ajuda de um guarda da prisão. Tratavam-se de cartas aos amigos e considerações espirituais sobre as festas do Calendário da Igreja. Assim, ele escreveu sobre o aspecto do Advento, do Natal e da Epifania. Alfred Delp não vivenciou o Pentecostes na prisão. Ele escreveu a reflexão sobre a Sequência de Pentecostes porque, por um lado, esta era a oração preferida pela pequena paróquia de Bogenhausen, em que viveu por último. E, por outro, para extrair força para suportar as semanas angustiantes e a constante incerteza na prisão. Essa meditação tornou-se para ele uma fonte de encorajamento para sua crise existencial, na qual foi colocado por meio da prisão e da condenação.

Alfred Delp escreveu sua interpretação da Sequência de Pentecostes em uma situação política e pessoal altamente explosiva. Ele havia se engajado em um grupo de resistência contra o nacional-socialismo em Kreisau, e se envolveu com a política. Trabalhou com os companheiros de opinião – nobres, políticos e oficiais – em uma nova ordem política, que após a queda do Terceiro Reich deveria trazer prosperidade à Alemanha. Agora, na prisão, ele precisava levar em conta que seria executado pelos nazistas.

Alfred Delp percebeu a ideologia de seu tempo. Uma ideologia que havia se apoderado de um povo inteiro e que se tornou uma praga para todo o mundo. Nessa situação colocou toda a sua esperança no Espírito Santo, que pode expulsar o espírito profano e encher o mundo de espíritos santos e salvadores. Por esse motivo sua meditação sobre a Sequência de Pentecostes é exatamente muito atual em nossos dias. Nós também tentamos desenvolver uma nova ordem contrária à atual ordem capitalista do neoliberalismo. A longo prazo, devemos tornar a economia mais humana, para que ela possa se transformar na prosperidade dos homens e do mundo.

Que os pensamentos de Alfred Delp, que ele ratificou com sua própria vida, também nos fortaleçam hoje. Para Alfred Delp, esses pensamentos foram evidentemente um recurso para não desistir de si mesmo. Na prisão oscilou entre a esperança e o desalento. A meditação da Sequência de Pentecostes fortaleceu sua esperança. Ela o conduziu a um outro mundo, em meio a um mundo desumano. Isso, no entanto, não representou uma fuga da prisão para um devoto mundo aparente, mas sim um mergulhar no mundo do Espírito Santo, para sobrepujar o mundo cruel da prisão e os interrogatórios desumanos e injustos.

Veni sancte spiritus – Venha, Espírito Santo...

O pedido efetivo ao Espírito Santo é que Ele venha. Muito embora acreditemos que o Espírito Santo esteja sempre dentro de nós. No entanto, como nós mesmos não estamos conosco, temos de pedir que o Espírito venha e que assim possamos saber de sua chegada.

O Espírito Santo está sempre em movimento. Mesmo quando Ele já se encontra em nós, Ele deseja vir a nós cada vez mais, nos penetrar com seu amor, com seu poder transformante e tangente. Como a palavra latina *spiritus* significa não só espírito, como também vento e ar, a palavra *veni* – "venha" lhe corresponde ainda mais. O espírito como vento está sempre em movimento, sempre é o que chega, o que ressoa, o que sopra.

O pedido pela vinda do Espírito Santo é, ao mesmo tempo, o pedido para que nós próprios permaneçamos em movimento, para que não nos paralisemos em nossa piedade, mas que como testemunhas vivas do efeito salvador e libertador de Deus possamos sobreviver neste mundo.

Nas situações nas quais já não sabemos mais como continuar faz bem pedir ao Espírito Santo que venha até nós, para nos preencher com sua energia.

Et emitte caelitus – E nos envie do céu...

Que o Espírito de Deus nos envie do céu sua força e seu auxílio. O verdadeiro auxílio não vem de nossa força, mas do céu. A isso Alfred Delp acrescenta: "A criatura precisa clamar para além de si mesma, para participar da força verdadeira" (p. 265).

Alfred Delp pensa que como prisioneiro viveria agora a prova dessa verdade; a de que a vida verdadeira vem de Deus e não de nós mesmos: "Tudo que eu trouxe comigo de segurança, inteligência e esperteza, foi estilhaçado sob a violência e a dureza das adversidades. Deus é tudo de que preciso. Durante esses meses me debilitaram muito. Conforme o julgamento, por último me tirarão até a própria existência física. E, no entanto, aconteceram tantos milagres. Deus tomou essa situação totalmente em suas mãos. E eu aprendi a clamar e a esperar pela mensagem e energia do monte eterno" (p. 264). Quando Delp foi torturado na prisão da Gestapo quase não conseguiu suportar a tortura. A descoberta de que ele não precisava confiar em sua força de resistência própria, mas que dentro dele existia uma outra força, permitiu que ele resistisse.

Em uma crise, na maioria das ocasiões, nos sentimos oprimidos. Nós não temos esperança de superar essa crise. Neste caso deveríamos, como Alfred Delp, colocar nossa esperança no auxílio do céu. Então poderemos nos tornar livres das prisões internas e externas em que nos encontramos. Pois a nossa visão se expande e nós percebemos que em meio ao apuro e à escuridão de nossas vidas estamos nas mãos de Deus, que mora no céu, para além de toda desventura e que do céu nos contempla e nos puxa para cima.

Lucis tuae radium – Teu raio de luz...

O Espírito Santo é luz. Ele quer trazer luz à nossa escuridão. O homem, assim pensa Alfred Delp, foi criado por Deus como um ser claro, iluminado. Porém, nos autocegamos. Nós escurecemos a luz que havia em nós através de pecados e de culpas: "O homem nunca está tão doente, do que quando sabe que está envolvido em perturbações e deslizes. Este é o primeiro sentido desse clamor de súplica: que a luz de Deus supere a escuridão da criatura humana e as trevas da culpa, que nos limpe dos olhos os sonhos e o temor e nos faça ver novamente" (p. 265).

Existe em nós um anseio profundo pela luz. Muitas vezes temos a impressão de que aqui sobre esta terra tateamos no escuro; não entendemos. Nós não compreendemos o que todos esses golpes do destino devem significar. Não percebemos porque estamos em crise. Ansiamos pela luz do entendimento para que possamos ver claramente a nossa situação e como encontrar a saída da aflição. E almejamos a luz suave do amor divino, sob a qual podemos ver com um olhar suave tudo que existe em nós e aceitar. Sob a qual cessamos de julgar a nós mesmos.

Veni pater pauperum **– Venha, pai dos pobres...**

"A criatura agora entoa três vezes o *Veni*; com isso ela quebra sua solidão e apela em sua necessidade à proximidade salvadora de Deus" (p. 265). Nós somos fundamentalmente os pobres, os necessitados. Não temos o bastante em nós mesmos. Em alemão a palavra *arm* (pobre, indigente) significa originalmente *verwaist* (órfão, desamparado). Estas palavras descrevem o homem solitário, digno de pena, infeliz, que não tem ninguém que o apoie. Nós somos vazios, precisamos do "pai", que encha nossas mãos vazias. Precisamos do pai para que fortaleça nossa dignidade e nos proteja; para que nele possamos nos apoiar, e em cuja proximidade descubramos nossa própria força.

Alfred Delp experimentou na prisão o amor paterno de Deus: "Ao homem, que reconhece sua necessidade, que rejeita a vaidade, a arrogância, a segurança, a pretensão, o orgulho do pedinte e que se apresenta a Deus em sua insegurança e pobreza desnudas, acontecem milagres de amor e compaixão. Desde o consolo do coração e o alívio do espírito à saciação da fome e da sede" (p. 266).

Veni dator munerum – Venha, doador de dons...

O Espírito Santo é denominado aqui como "concessor de dons". Ele próprio é o maior dom que Deus nos concede. Alfred Delp diz: "Lá, onde nós nos sentimos doentes e cansados, deveríamos chamar o concessor de todos os dons".

O grande dom que o Espírito Santo nos presenteia, é de nos transformar na imagem do Filho. Ele forma em nós a imagem única, sob a qual Deus nos fez. Ele nos coloca em contato com a forma autêntica que Deus quer moldar em nós. Mas, para Delp, o Espírito Santo é também o doador dos sete dons do Espírito Santo. Com os sete dons – assim pensa Delp – "o que se tem em mente é o provimento do homem com novas capacidades e habilidades de vida. A vida espiritual em nós é vida verdadeira, portanto diferenciada. Quanto mais os sentidos em um homem despertam e se tornam receptivos, mais ele vive. Quanto mais capacidades de criação ele usa, mais ele vive. Quando órgãos mentais crescem sob a bênção criadora do *dator munerum*, tudo isso aumenta e se torna mais competente e especializado" (p. 267). Para que possamos passar bem pelas dificuldades de nossas vidas precisamos do Espírito Santo, que nos concede seus dons e que enche e fortalece com sua energia divina os dons que trazemos em nós desde a infância.

Veni lumen cordium – Venha, luz do coração...

Também aqui o Espírito Santo é visto como luz. Ele deve iluminar nosso coração. Para Alfred Delp, trata-se, nessa súplica, de pedir que nossa vida "em suas fontes e raízes" seja restabelecida. "A perturbação do coração é a mais profunda perturbação que pode assaltar o homem. Um homem é um homem enquanto tem um coração para usar e faz uso dele. Ou seja, enquanto ele ama. Com isso encontrou-se uma chave para a vida humana e para a história da humanidade, que decifra muitos enigmas" (p. 268).

Que o Espírito Santo venha, assim imploramos aqui, para iluminar nossos corações. Que ele examine todas as grutas de nosso coração, para que possa com sua luz curadora e iluminadora tocar e transformar tudo que existe em nós. O Espírito Santo deve morar em nosso coração – no centro de nossa existência. Ele deve nos conceder a intuição certa, para que a partir de nosso coração possamos sentir aquilo que é certo para nós e aquilo que não é. "Quando nosso coração bate direito, tudo está em ordem. Que o Espírito de Deus se compadeça desse coração insensato, faminto e friorento, solitário e abandonado e o encha com a segurança aquecedora de sua presença" (p. 269). Quando nosso coração estiver repleto da luz do amor, poderemos caminhar cheios de confiança através da escuridão a que a vida muitas vezes nos conduz.

Consolator optime – Vós, o melhor consolador...

Para Alfred Delp o consolo "não consiste em simplesmente falar da situação como se de algum modo ela não existisse. Mas [...] na criação de novos estados, sobre os quais o espírito possa mais uma vez se alegrar, possa sentir-se satisfeito" (p. 269). A palavra latina *Con-solator* significa, de fato, estar com o solitário, adentrar em sua solidão, caminhar com ele em seu caminho solitário e permanecer com ele em sua necessidade e em sua introversão.

A palavra alemã *Trost* (consolação, conforto) vem de *Treue* (lealdade, fidelidade) e significa a estabilidade, a firmeza, a solidez. Quem está consternado não tem estabilidade. Ele precisa de alguém que esteja com ele e que o apoie; precisa do apoio que Cristo nos prometeu: o Espírito Santo. Esse parácleto, esse a quem invocamos, então nos diz palavras que nos erguem e que nos abrem novos caminhos.

Portanto, o Espírito Santo como apoio é o melhor consolador que podemos ter. Penetra nossa solidão, caminha conosco e está do nosso lado. Ele não nos diz apenas palavras confortadoras, mas nos apoia e nos concede uma nova sustentação e uma nova solidez. Dessa forma, nós não caímos quando os golpes da vida nos atingem. Permanecemos de pé, porque o Espírito de Deus nos auxilia.

Dulcis hospes animae – Doce (agradável) amigo da alma...

Alfred Delp não traduz *hospes* como hóspede, mas como amigo. E ele lamenta que não tenhamos mais nenhuma relação com a palavra "doce". Ela foi "retirada do campo da vivência do amor humano. É triste que não tenhamos hoje nem a partir da vivência do amor, nem a partir da realidade da religiosidade, uma verdadeira relação com as palavras que significam um arrebatamento interior, de uma inaudita intimidade. Nós nos atrofiamos não apenas como veneradores, mas também como amantes" (p. 271).

O Espírito Santo é o doce amigo da alma. Ele mora em nós, como o amante ou a amante mora em nós. Jesus foi visto e descrito como noivo, sobretudo na mística feminina. Já o Espírito Santo, pelo contrário, foi preferencialmente compreendido como feminino, como por exemplo no conhecido afresco de Urschalling, próximo ao lago Chiem, na Bavária. O Espírito Santo é essencialmente relação e amor. Quando ele reside em nós, então o amor de Deus está em nós. Quando ele atua, o amor entre o Pai e o Filho também flui em nós e nos transporta ao interior da reciprocidade amorosa da Trindade Divina. O doce espírito de nossa alma nos possibilita a estarmos bem conosco e a habitarmos nosso corpo e nossa alma. Não nos sentimos sozinhos em nossa alma, mas sim visitados pelo doce amigo da alma.

Dulce refrigerium – Doce alívio...

A palavra latina "refrigerium" significa resfriamento, alívio, bálsamo e conforto. O Espírito Santo nos oferece como amigo um espaço no qual nós podemos respirar aliviados, no qual o calor da paixão se refresca e os ferimentos experimentam alívio.

Para Alfred Delp essa invocação do Espírito Santo significa "que o fortalecimento espiritual, a elevação e o arrebatamento, que se quer dizer com o *Dulce*, propaga-se realmente como a temperatura no espaço e que o clima de repente se enche de confiança e amizade" (p. 271). O Espírito Santo é como uma nascente, cuja água fresca refresca e reanima o caminhante cansado. O Espírito Santo nos diz que a fonte, que sempre nos refresca, reanima e renova, está em nós mesmos. Quando bebemos desta fonte interior, extraímos a energia para superar as situações difíceis em nossa vida.

***In labore requies* – Sois o descanso no trabalho árduo...**

Na quarta estrofe a sequência menciona três inquietações fundamentais que assolam o homem. A primeira é o esforço, o cansaço, o aborrecimento do cotidiano. Para Alfred Delp "labor" significa "o homem perseguido, caçado pela obrigação total ao trabalho, pela preocupação total e pela total falta de tranquilidade. A obrigação, a necessidade e o perigo não permitem que o homem tenha um minuto fora de seu percurso forçado. E ainda se agregam a isso os esforços pessoais, a necessidade do coração e a preocupação com as pessoas queridas. É isso que a nossa vida se tornou: labuta. Trabalho árduo, instabilidade e insegurança" (p. 272). Aquilo que Alfred Delp, no ano de 1944, descreveu como inquietação do homem, tornou-se hoje em dia ainda maior. Intranquilidade, afobação, correria, esgotamento – estas são as aflições fundamentais de nosso tempo. O homem se sente estressado. Ele não tem tranquilidade. Mesmo quando em algum momento ele não tem o que fazer, o homem foge da própria verdade por meio de mil atividades.

A inquietação interna é muitas vezes um sinal de que alguém está em crise. Então nada pode ajudá-lo a superar essa intranquilidade. Até mesmo a calma exterior não lhe proporciona calma interior. A verdadeira tranquilidade vem de dentro, da fonte interior do Espírito Santo, que jorra em nós: "Em nós mesmos fluem as fontes da salvação e da cura. Deus é como um manancial em nós, ao qual somos convidados ao descanso. Nós precisamos encontrar essas fontes interiores e continuar a deixar que fluam no território de nossas vidas. Então não haverá nenhum deserto" (p. 273).

In aestu temperies – Vós abrandais a paixão...

A paixão descreve a segunda aflição do homem: a inquietação gerada pelas próprias paixões, pelo vulcão interno, que ameaça irromper a qualquer momento, pelo fogo da cobiça, que pode queimar tudo que existe em nós. Porém, também se refere à aflição exterior, que muitas vezes parece uma tempestade de fogo. Segundo Alfred Delp, a segunda angústia do homem "é que ele sempre queima seu coração, suas mãos e as asas de seu espírito e sabe que sempre será capturado pelas irrupções selvagens de sua existência" (p. 275). O Espírito Santo é aqui descrito como aquele que nos concede a medida certa, aquela proporção que suaviza e abranda a chama. O significado fundamental da palavra latina *temperare* é misturar duas coisas uma com a outra. O Espírito Santo estabelece em nós uma tensão saudável entre espírito e instinto, entre fogo e esfriamento. Ele coloca nossa paixão na medida certa. "Apenas aqueles que estão plenos do Espírito Santo poderão reagir à aflição ardente e arriscarem-se a realizar alguma coisa. O dom da arte da moderação, do verdadeiro entendimento, das rédeas esticadas e das represas reconstruídas e o dom da forte coragem para a solidez e perseverança pertencem um ao outro. Essa criatura, que hoje se encontra nessa aflição, precisa pedir pela proteção do Espírito Santo ou se queimará" (p. 276).

Algumas pessoas vivenciam sua crise de vida como se ela fosse um fogo, que entrega às chamas devoradoras a estrutura de vida que existia até então. Outras são arremessadas na crise pelo fogo de suas paixões. Elas então já não reconhecem a si mesmas. De um momento para outro irrompe em uma pessoa, em geral tímida e comedida, uma paixão de fúria ou de desejo sexual ardente, que a atira literalmente ao fogo. Em situações como esta imploramos ao Espírito Santo que resfrie nosso ardor interior.

In fletu solatium – Sois o conforto no pranto...

"A terceira aflição fundamental da pobre criatura "é que ela sempre se depara com o imenso pranto; é dominada pela grande preocupação que a atinge e toda família" (p. 276). Hoje a aflição externa não é tão grande, como no tempo em que Alfred Delp estava na prisão. No entanto, mesmo assim, *in fletu* – no pranto – expressa com propriedade o sentimento da existência atual. Uma depressão difusa modela a atmosfera moral da sociedade de hoje em dia. A gente se lastima e mergulha na própria autopiedade.

Mas existe também o sofrimento verdadeiro, o pranto pela perda de um ente querido, o pranto pelo próprio fracasso e pela destruição de seus projetos de vida. Em nosso sofrimento o Espírito Santo é confortador e consolador. Ele não é uma simples consolação, mas sim aquele está conosco em nossa dificuldade, que permanece na casa de nosso medo e de nosso pranto e aquele que transforma o choro em dança. Alfred Delp vivenciou em si mesmo esse espírito confortador quando, na prisão em Berlim, quase já não podia mais resistir à dor: "Quando penso naquela noite na Rua Lether, em que eu pedi a Deus pela morte, porque eu não podia mais suportar essa impotência, porque não me sentia mais capaz de resistir a esse peso e a essa ira. Quando penso em como entrei em conflito com o Senhor Deus e simplesmente chorei para Ele minha angústia. E que pela manhã a grande calma fluiu em mim, uma sensação agradável de calor, de luz e de energia ao mesmo tempo, acompanhada da consciência: você precisa resistir a isso – e abençoada pela confiança: você resistirá a isso. *In fletu solatium*. Esse é o Espírito Confortador, esses são os diálogos criativos que Ele tem com os homens que choram em segredo, aos quais ele concede força para viver e para resistir" (p. 227).

Alfred Delp descobriu o Espírito Santo em seu íntimo, como aquele que teve com Ele um diálogo interior. Nós, muitas vezes, identificamos em nós mesmos pensamentos de autoentrega e de pôr fim à nossa vida, porque já não podemos mais resistir. Aqui nós necessitamos do Espírito Santo como parceiro do diálogo interior, como aquele que fala a esses pensamentos destruidores e os destitui de poder e os extingue, que assim em meio à situação sem perspectiva nos concede conforto e esperança.

O lux beatíssima – Oh, luz bem-aventurada...

Pela terceira vez o Espírito Santo é mencionado na sequência como uma luz, ela agora o chama de luz bem-aventurada. Para esclarecer a experiência do Espírito Santo como luz, Alfred Delp se refere aos acontecimentos que vivenciou durante suas férias de verão: "Existem dias de verão, nos quais a luz nos envolve como uma bênção perceptível. Como, por exemplo, no gramado de um bosque, ou em meio a um campo de milho que amadurece, ou em um lago. A percepção do homem se abre e se expande, ele se sente unido à criatura que o envolve e experimenta uma intuição agradável das forças amadurecedoras, curadoras e abençoadoras, que estão ocultas no Cosmos" (p. 278). Para mim o sol é uma imagem importante para experienciar o Espírito Santo de forma perceptível. Quando me sento ao sol – não sob o sol escaldante, mas sim sob o sol agradável e aquecedor –, eu imagino como os raios de sol penetram meu corpo inteiro. Dessa forma posso imaginar como o amor de Deus, em forma do Espírito Santo, penetra minha pele e todos os espaços de meu corpo e de minha alma – e principalmente também na área que eu fechei a mim mesmo, porque não gostaria de ver o que há lá dentro. Quando deixo que isso aconteça, então eu me sinto totalmente amado, envolvido pelo amor de Deus. Para mim esta é a experiência mais profunda do Espírito Santo e, ao mesmo tempo, a mais agradável. A partir de uma experiência assim lido de outra maneira com meu cotidiano e também posso lidar de outra maneira com meus problemas.

Reple cordis intima – Preencha o interior de meu coração...

O Espírito Santo deve preencher o interior de meu coração. O amor de Deus através do Espírito Santo deve penetrar até o fundo de meu coração, de forma que eu me sinta totalmente amado. Para Alfred Delp essa súplica expressa que isso se trata de "uma vida de intimidade com Deus". "Trata-se da concretização intensificada da relação pessoal. Como uma amizade, um amor como amor, realiza-se em troca amorosa e diálogo através de todas as camadas do ser e, desta forma, cada vez se torna maior, assim também ocorre aqui. Só que neste caso o parceiro criador aqui é o Espírito de Deus sozinho, ao qual pedimos sua vinda abençoadora" (p. 279).

O Espírito Santo é essencialmente amor, ligação, intimidade, confiança, união e troca. Acreditar no Espírito Santo significa conhecer o amor de Deus, que penetra até o mais íntimo ponto de meu coração, para curar tudo que existe em mim e encher de amor. O Espírito Santo representa o amor pessoal entre Deus e eu. Mas Ele também representa o amor que eu desejo irradiar de mim.

Existem pessoas sobre as quais eu tenho a impressão de que elas sejam apenas amor. Elas não estão apenas apaixonadas por uma determinada pessoa, mas derramam amor em tudo que tocam. Na natureza, nas coisas de seu dia a dia, nas pessoas. Essas pessoas estão repletas do Espírito Santo. A oração da Sequência de Pentecostes se origina de nosso anseio profundo não apenas por amar e ser amado, mas também de ser o próprio amor. Esse amor está sempre escondido no fundo de nosso coração. Porém, é necessário que o Espírito Santo faça essa fonte do amor fluir e penetrar nosso corpo e nossa alma.

Tuorum fidelium – Teus fiéis...

O Espírito Santo não age de forma automática em nós, mas sim se oferece às pessoas que confiam totalmente nele. "O Espírito de Deus não coage ninguém, nem mesmo pela felicidade do homem e por sua realização plena. Portanto, este diálogo permanece um diálogo verdadeiro, mesmo que a força criadora venha apenas de Deus e nos toque" (p. 279).

Para Delp esse diálogo entre o homem e o Espírito Santo precisa de uma circunspecção respeitosa e de vigilância. Não basta apenas cumprir suas obrigações religiosas. Muitos homens, que se escondem detrás das obrigações devotas, deixam de ouvir "as muitas palavras e instruções interiores, essas comunicações sussurrantes, esse procedimento suave e elegante de Deus. A confiança, com a qual nos aproximamos de Deus é a porta aberta através da qual os prodígios divinos, as forças de Deus e o próprio Deus penetram em nossa vida" (p. 280).

Sine tuo numine – Sem que te curves a nós...

A palavra latina *numen* é quase impossível de ser traduzida. Ela significa o aceno com a cabeça, o encurvamento da cabeça em sinal de respeito, mas também a majestade e a grandeza de Deus. Nós falamos do *Numinosum* e nos referimos à reverência recomendada diante da visão da grandeza de Deus.

Alfred Delp interpreta a frase *sine tuo numine* como uma vida sem misericórdia, como uma vida sem a piedade do Espírito Santo. E ele vê nisso o grande equívoco de sua época. No entanto, não apenas a época do Terceiro Reich foi um tempo desprovido de compaixão, uma época em que o homem se tornou inflexível porque pensou que poderia viver por si mesmo. Alfred Delp encerra sua observação sobre estas três palavras – "sine tuo numine" – com um apelo apaixonado, que hoje deveríamos aceitar em nosso coração exatamente como ele o formulou: "Nunca mais o homem deve se enganar desta forma sobre suas possibilidades e fazer algo semelhante. Aqueles que restarem devem conhecer e ver o contexto das associações e anunciá-lo com palavras ardentes. O caminho sem compaixão é arrogância e queda. O homem só é um ser humano junto com Deus" (p. 281). Quando o homem ignora Deus, ele também ignora o próprio ser humano, ele se torna cego àquilo que realmente lhe faz bem e lhe serve de cura.

Nihil est in homine – Nada existe no homem...

Sem o Espírito Santo o homem não é nada. Deixado sozinho consigo mesmo, ele está abandonado, ele deixa o caminho da vida e caminha por caminhos errados, que podem corromper uma geração inteira, como Alfred Delp teve de vivenciar dolorosa e existencialmente em seu próprio corpo. O pensamento de que o homem sem Deus não poderia ser um ser humano é um dos preferidos de Delp e ele sempre retorna a ele: "Deus pertence à definição do ser humano. E a mais íntima comunhão com Deus é a primeira condição para uma vida bem-sucedida e perfeita" (p. 282). Sem a união com Deus o homem aflige a si mesmo e leva os outros à aflição. Por isso, a súplica ao Espírito Santo exige ao mesmo tempo a disponibilidade de regressar e de voltar à fonte de nossa vida. Pois somente quando colhermos da fonte do Espírito Divino, nossa vida e nossa convivência mútua na sociedade e na grande família da humanidade poderá ser bem-sucedida.

***Nihil est innoxium* – Nada é inócuo...**

Innoxium significa não prejudicial, sem perigo, seguro. Sem o Espírito Santo tudo em nós se volta contra nós. Nos envenena, nos prejudica e nos destrói. Alfred Delp não viu isso como algo que se refira a apenas um indivíduo, mas sim a uma geração: "A realidade sem Deus é essencialmente falsa. Porém, o essencialmente falso não só é inútil para a construção de uma ordenação saudável e para a proteção de uma vida genuína, como também perigoso" (p. 282). Por isso, na comarca de Kreisau, Delp ajudou ao desenvolvimento de uma nova ordem social baseada na responsabilidade cristã. Ele já havia há muito distinguido como uma ordem, sem o Espírito de Deus, podia se tornar perigosa e prejudicial não só para a Alemanha, como também para o mundo inteiro. Mas, sem o Espírito Divino também a vida do indivíduo não pode ter êxito. A vida do homem só será aquela que Deus projetou para nós – uma vida bem-sucedida – se o homem estiver repleto do Espírito Santo. "O homem no Espírito Santo é para si mesmo e para os outros um homem valioso e ele tem no encontro com a vida, com as coisas, a realidade do olhar amável e claro e a mão curadora. Ele abençoa e é abençoado" (p. 283).

***Lava quod est sordidum* – Lava aquilo que está sujo...**

A sétima e a oitava estrofe da Sequência de Pentecostes pedem ao Espírito Santo que atue em nós. O efeito do Espírito Divino em nós e as imperfeições das quais ele nos livra são descritos em seis ilustrações.

A primeira imperfeição é a sordidez. O ser humano se sente sujo quando cai em culpa e quando descobre em si o lado sombrio, que reprimiu durante muitos anos. Quando descobre todas as tendências mortíferas, a covardia e a crueldade, de que ele é capaz. "Para qualquer existência chega o momento em que ela sente medo de si mesma. Em que todos os defeitos, toda a repugnância de sua realidade estremece o ânimo e a máscara da autossegurança e do automerecimento neste instante talvez seja revelada, ou talvez caia definitivamente" (p. 285).

O ser humano quer fugir de sua culpa. Ele a reprime, ignora o traje sujo que usa. Projeta sua culpa de preferência em um outro e combate o bode expiatório, sobre o qual descarregou sua culpa. A grande fatalidade do Terceiro Reich talvez tenha sido o fato de Hitler ter compensado toda sua inferioridade minimizando os outros. Ele pode acreditar em sua própria grandeza, porque jogou a sujeira de seu próprio coração sobre outros, sobre os judeus. Em vez de contemplar sua mágoa paterna e apresentá-la a Deus, para que ela fosse curada pela luz divina, ele a externalizou. E ele convidou as muitas pessoas na Alemanha que não queriam trabalhar sua mágoa paterna, a desfrutá-la junto com ele nos dissidentes. Assim, ele contaminou o mundo inteiro com a impureza de sua alma doente.

Ninguém pode fugir de sua verdade. Nós não podemos lavar nossa própria sujeira. Precisamos pedir a Deus por isto. A metáfora do lavar nos conduz mais uma vez à metáfora da fonte, que limpa e clareia tudo aquilo que não está limpo em torno dela. Delp conclui sua reflexão dessa súplica com as palavras: "Isto requer a grande misericórdia e bondade de Deus. Isto requer o toque criativo por meio de Deus. Isto requer a abertura das fontes divinas de cura por meio de uma piedade sincera, de entrega e de súplica" (p. 287).

Riga quod est aridum – Embeba o que é árido...

A segunda imperfeição do homem é que sua vida tornou-se ressecada e árida. Vazia, sem substância e energia, estéril. As fontes, das quais ele vive estão secas. Aqui é necessário clamar pelas fontes inesgotáveis do Espírito Santo, que mais uma vez irriga e fertiliza aquilo que em nós ressecou e se tornou árido. Alfred Delp menciona três tipos de esterilidade e de aridez que necessitam da súplica ao espírito fertilizador de Deus: "O talento inútil, que não vai além da grande abordagem, dos grandes gestos e das grandes atitudes. Que até pode impressionar uma comunidade, uma raça, mas que, no entanto, não cria nem revela nenhum valor definitivo. A aridez pessoal, à qual o indivíduo pode chegar principalmente na vida e na vivência interiores, não apenas no reconhecimento e na formação naturais, como também no encontro com Deus, no diálogo vivo com ele, na parceria constante. A geração não criativa, ou seja, quando uma nação inteira, toda uma geração não consegue mais pensar em algo inteligente, seja na identificação prática ou na formação, seja na arte ou na política, seja na filosofia, na teologia ou ainda na religiosidade" (p. 288).

Nós poderíamos pensar que Delp não descreve apenas a época do Terceiro Reich, mas também a nossa época, que se destaca do mesmo modo pela falta de imaginação e pela perda dos sonhos e das visões. Dessa forma o clamor pelo Espírito Santo não é apenas um pedido pessoal, mas também uma súplica pela energia criadora para a nossa sociedade, para o nosso mundo.

Ao fim de sua meditação Alfred Delp volta mais uma vez a falar da experiência do deserto pessoal em que o homem pode chegar. O deserto é uma metáfora para o ressecamento interior do homem e da aridez de tudo ao seu redor. O homem só pode sobreviver ao seu deserto diante do Espírito Santo, que faz com que nele a fonte da vida volte a fluir. "É preciso resistir aos desertos, aos desertos da solidão, da falta de caminhos, da melancolia, da falta de objetivos, da entrega. Deus, que criou o deserto, também abre as fontes que o transformam em uma terra fértil. O coração suplicante e o sentido confiante clamam por sua fidelidade" (p. 290).

Sana quod est saucium – Cure o que está ferido...

Todo ser humano é ferido em algum momento de sua vida, quer ele queira ou não. Alguns sofrem durante toda a vida das feridas paternas ou maternas, das mágoas que vivenciaram na infância, de sua vida estragada e ferida. Muitos tentam trabalhar os ferimentos do passado em uma terapia. Eles precisam contemplar mais uma vez a dor, que no passado reprimiram, acompanhados por uma outra pessoa. A oração, que suplica ao Espírito Santo que cure em nós aquilo que está ferido, antepõe a esperança de que nossos ferimentos podem ser curados e transformados diante de Deus e por Deus. Em vez de girarmos sempre ao redor de nossas feridas e responsabilizar os outros por elas, Alfred Delp aconselha a simplesmente oferecê-las a Deus: "Em algum momento todos os pensamentos e tentativas de fuga têm de cessar. Nós precisamos ficar bem quietos, do contrário os espinhos do matagal em que caímos provocarão novos ferimentos. Deixar-se ficar bem quieto, saber da própria impotência e buscar a mão salvadora de Deus. Chorar por seu fluxo sagrado e salvador, que permitirá que estejamos à altura de todas as coisas, deixá-lo fluir em nós" (p. 292). Ao chorar, assim pensa Delp neste trecho, não só externamos no choro nossa própria miséria, como também ao mesmo tempo nos abrimos ao Espírito Santo, para que a corrente de seu amor curador possa fluir em nós.

Alfred Delp não fala somente dos ferimentos que os outros nos causam, mas também dos ferimentos que vêm de nosso íntimo: "Quando a fé vacila, a esperança quebra, o amor arrefece, a veneração estarrece, a dúvida corrói, a pusilanimidade se estende como a mortalha da paisagem de inverno sobre tudo na vida, o ódio e a arrogância sufocam o fôlego interno, então a vida é ferida mortalmente" (p. 293). E ele sabe que o homem não é capaz de curar-se desse ferimento. Na prisão, Delp descobriu por si mesmo que teria de se dirigir ao Espírito Divino: "Sozinho eu já teria me rendido há muito tempo. Já na época em que estive preso na Rua Lehrter. Deus cura. A energia restabelecedora de Deus vive em mim e comigo" (p. 293).

Flecte quod est rigidum – Envergue aquilo que está enrijecido...

Rigidus significa rígido, duro, inflexível, imóvel, sólido, áspero, cruel. A linguagem revela aqui que entende alguma coisa sobre o ser humano. Aquele que se solidifica em si mesmo, torna-se imóvel e rijo e assim conviverá consigo mesmo e com os outros de forma cruel. Ele se torna "rigoroso", uma palavra derivada de sua origem latina.

A vida, pelo contrário, está sempre em movimento. Ela flui e corre. "A rigidez é fixação da existência em um ponto qualquer da estrada da vida, é renegar a lei da jornada, é anseio antecipado e por este motivo inoportuno por um lugar definitivo" (p. 294). O ser humano se enrijece quando seu coração se prende a coisas inanimadas como propriedade e riqueza.

Para Alfred Delp o enrijecimento interno é ainda mais perigoso. O homem para de perseguir seus objetivos, permanece preso em si mesmo. Ele se torna "um homem da escolha, do repouso, da aposentadoria interna" (p. 294). "Ele está amarrado a si mesmo e se definha, tornando-se incapaz da fé viva. Por estar incapacitado de dialogar, transforma-se no protótipo da vida miserável em todos os aspectos" (p. 296). Porém, o ser humano também pode enrijecer porque o destino lhe exige demais, "amarra-o a lugares e a estacas firmes, o aprisiona, lhe obstrui todos os caminhos possíveis e lhe fecha todas as portas. O enrijecimento diante do sobressalto, o endurecimento através da vivência e do vivenciado são muitas vezes uma legítima defesa" (p. 295). Neste trecho Alfred Delp pensava certamente em sua própria situação. No entanto, enquanto a prisão lhe preparava para receber o fluxo do Espírito Santo, ele se lembrou de sua rigidez. Aquela que ele revelou quando ainda se sentia orgulhoso de seu espírito independente e de suas vocações. "Mas tudo não passou de autoengano e arrogância. Eu já havia sentido isso antes, porque em todas as ocasiões em que causei dor aos outros tive de sentir e senti esta dor em mim mesmo. O que me socorreu foi o encontro purificante com Deus, que, na medida em que se tornava mais sincero, mais me obrigava a renunciar a essa falta de amor pretensiosa. No entanto, tenho de agradecer a capacidade do encontro purificante e intensificado com Deus, ao encontro evolutivo e libertador com pessoas, que pela primeira vez trouxeram fertilidade aos muitos campos improdutivos que existiam em meu ser" (p. 296).

Algumas vezes converso com pessoas rigorosas, que estão enrijecidas em si mesmas. Suas feições são imóveis como uma máscara. Eu não posso perceber seus sentimentos. Elas os escondem por detrás da máscara dura. É doloroso encontrar pessoas assim. Aparentemente, elas precisam da rigidez, porque têm medo da vida. Elas têm medo de "afundar", porque não encontram qualquer apoio. Portanto, elas precisam do apoio externo de uma fachada rígida. Mas esta as separa da vida.

Eu não tenho o direito de lhes tirar esta máscara. Porque então sua frágil construção de vida se desmoronaria. É preciso que o Espírito Santo fortaleça e torne flexível aquilo que se tornou rígido em suas vidas. Quando eu quebro a rigidez, o homem que se esconde por detrás dela também quebra. No entanto, se a rigidez é tocada pelo Espírito Santo, ela se torna flexível. Somente o homem flexível pode atravessar a crise de forma saudável.

Fove quod est frigidum – Aqueça aquilo que é frio...

O ser humano se torna frio quando o amor que existe nele deixa de fluir. Mas Alfred Delp não pensa apenas no indivíduo que se torna frio, quando perde o amor e a paixão. Ele também pensa na sociedade, na cultura da civilização ocidental, a qual segundo Delp teria morrido de frio. "O ser humano é do tamanho de seu amor. Esta civilização ocidental e estes homens não conheceram nenhum grande amor, nenhuma paixão para a plenitude. Nossos corações não tremiam mais, quando pensávamos nas coisas irreais: Senhor Deus, homem, transmissão. Tudo continuou a ser ensinado, proclamado, providenciado, exercitado como antes. Mas faltava a fonte criadora dentro de nós, o impulso verdadeiro, a grande entrega, justamente a paixão" (p. 297).

Alfred Delp vê a rigidez principalmente em duas áreas: na sociedade civil e na Igreja burocrática. A Igreja burocrática se distingue por ter estabelecido também em seu meio valores da sociedade civil, tais como "propriedade, poder, existência sofisticada, modo de vida garantido" (p. 300). E Delp lastima "a falta de nomes e de rostos do comando" da Igreja. A Igreja precisa confiar novamente no Espírito Santo revigorante, que tem a capacidade de retirá-la dos escombros de uma instituição burguesa que se quebrou. "Permita-nos amar a liberdade de Deus e praticar a verdade do Espírito e nos entregarmos a sua vitalidade" (p. 301).

A frieza de nossa sociedade e da Igreja também alcança nossos corações. Exatamente em uma situação como essa precisamos pedir pela chama do Espírito Santo, pelo calor do amor divino, que nos aquece a partir de nosso interior e que faz derreter o gelo que existe em nós. A súplica ao Espírito Santo faz com que a chama que existe em nós volte a arder. E a veneração do Espírito Santo cuidará desse fogo em nosso interior, para que os outros também possam se aquecer nessa chama divina que existe em nós.

É possível reconhecer se a chama do Espírito Santo está ou não em uma pessoa, pela sua maneira de falar. Na maioria das vezes a fala é fria. Ela é desprovida de emoções. Ela não flui do coração, mas de um frio interior. Uma fala fria faz com que as pessoas enrijeçam. Lucas, o Evangelista, fala no Livro dos Atos que o Espírito Santo no Pentecostes desce sobre os apóstolos em forma de uma língua de fogo (cf. At 2,1-13). Nossa fala se transforma por meio da chama do Espírito Santo em uma fala aquecedora, em uma fala que faz saltar uma centelha no coração dos homens. A fala do espírito é uma fala que alcança todos os corações, que ultrapassa as fronteiras dos diferentes idiomas, das culturas e das religiões. Isso foi vivenciado de uma forma milagrosa pelos apóstolos durante o Pentecostes. "Todos foram preenchidos pelo Espírito Santo e começaram a falar em idiomas estrangeiros, da forma que o Espírito lhes inspirava" (At 2,4). E todas as pessoas que chegavam a Jerusalém vindas das mais diversas regiões habitadas da Terra naquela época admiraram-se: "Não são todos galileus os que aqui falam? Como cada um de nós pode então entendê-los em seu próprio idioma natal?" (At 2,7).

Nós ansiamos hoje pela chama do Espírito Santo, que aquece nossos corações, que estão prestes a se tornarem frios, na frieza deste mundo. E também ansiamos, diante da linguagem fria, que é falada não só na economia, como algumas vezes também na Igreja, por uma linguagem aquecedora, que alcance os corações e que reúna todos os homens em uma sociedade mais humana. E também desejamos que a chama do amor incendeie os corações e os ligue uns aos outros. Somente assim este mundo se tornará mais humano, mais amável. Assim o mundo pode se transformar em uma casa, em que as pessoas realmente se sintam em casa.

***Rege quod es devium* – Guie aquele que se perdeu...**

Devius significa uma mudança do caminho, encontrar-se no caminho errado, imprudente, insensato, impraticável, inadequado. Nós nos desviamos facilmente do caminho que nos conduz à vida e preferimos seguir caminhos errados, que terminam na perdição. O caminho mais largo, assim diz a Bíblia, conduz à perdição (cf. Mt 7,13). O caminho mais amplo é o caminho que a maioria segue.

Que o Espírito Santo nos mostre o caminho estreito, aquele que é certo para nós, no qual nós descobriremos a amplidão e a liberdade da vida divina. Nesse caminho podemos encontrar a vida que Deus destinou para nós. Quando seguimos o caminho amplo, geralmente chegamos a uma crise. Então nossa alma se rebela contra isso. Ela nos lembra que devemos seguir o caminho que corresponde ao nosso ser verdadeiro e à imagem única, que Deus criou para nós.

Alfred Delp pensa no *devium* sobretudo como a perda tanto dos instintos naturais quanto dos sobrenaturais. E ele lamenta a perda dos instintos não só na sociedade, mas principalmente também na Igreja. Assim a oração ao Espírito Santo significa para ele "a cura desta falta de instintos". Nos últimos tempos nós, como indivíduos e como Igreja, enganamo-nos tantas vezes na maneira de nos colocarmos diante do ser humano, na avaliação e na estimativa de situações e realidades religiosas, na arte de liderar pessoas, na apresentação da doutrina e ainda em tantas outras coisas, que todos nós tivemos e temos motivos para termos medo de nós mesmos. Sim, nossas ações ainda são astuciosas, nossa retórica ainda é convincente, os políticos da Igreja ainda são "espertos". Mas ainda falta aquela certeza ingênua, que percebe e faz o que é certo, sem saber direito por quê" (p. 302). Portanto, a súplica "Guie aquilo que se perdeu" ainda é bastante atual em nosso tempo. Ela é a súplica para que voltemos a ter um instinto para "o necessário", um instinto para aquilo que Deus quer de nós hoje.

As crises sociais surgem porque nós abandonamos o caminho adequado e seguimos pelo caminho oposto. Então, o pedido para que o Espírito Santo guie as pessoas que tomaram o outro caminho é uma súplica pela nossa sociedade e por todos que têm responsabilidade na sociedade. E essa súplica também é um pedido pessoal. Pois todos nós estamos sempre em perigo de nos desviarmos do caminho certo e de não resistirmos a todas as possíveis notícias assustadoras, ou ainda às promessas eufóricas de salvação. Que o Espírito Santo nos mostre o caminho que conduz à vida e à verdade, que nos conduz a nós mesmos, aos outros e a Deus.

Da tuis fidelibus – Dá a teus crentes...

Neste trecho Alfred Delp volta a falar mais uma vez da fé. A fé é o local do encontro com Deus e a condição para que o Espírito de Deus penetre em nosso ser. Para ele, a vida no espírito "só pode acontecer e se revelar na esfera e na atmosfera de uma intimidade pessoal" (p. 303). O Espírito Santo só poderá atuar em nós quando dermos nossa resposta originalmente pessoal ao seu chamado. É preciso que haja diálogo pessoal entre o Espírito, que nos fala a partir das emoções silenciosas do coração, e nós, que as respondemos. "O diálogo é o fundamento da vitalidade espiritual. Dá a teus crentes, pedimos. É como o verdadeiro encontro de amor entre duas pessoas saudáveis. O coração se atreve a se unir ao coração, porque ele mesmo já se encontra em outro coração, como a pátria de seus anseios, como companheiro e como parceiro, como valor reconhecido e estimado" (p. 303). A prece ao Espírito Santo não é vista por Alfred Delp apenas como diálogo pessoal do amor, mas também como clamor do tempo e como oração de toda a Igreja – justamente em uma época na qual "vivenciamos e compreendemos a carência do mundo à qual chegamos, a espoliação da criatura, na qual recaímos" (p. 304).

In te confidentibus – Aqueles que confiam em ti...

A fé se completa na confiança. "A confiança é a tranquilidade e o otimismo que atinge o homem quando ele sabe que pode confiar no valor e na capacidade de sustentação do ser, que está a sua disposição" (p. 304). O Espírito Santo precisa de nossa confiança para que possa atuar em nós. Porém, também é Ele mesmo que permite que a confiança desperte em nós. Ele nos mostra que não estamos sozinhos neste mundo, mas que tudo é penetrado e sustentado pelo Espírito de Deus.

A confiança é muito mais do que aquela confiança que adquirimos na infância, mais do que a confiança de que, no fundo, tudo está bem. A confiança é, enfim, um acontecimento pessoal, que se mostra mais claramente na intimidade pessoal do amor. O Espírito Santo nos torna aptos a esta confiança amorosa em Deus e nas pessoas amadas. Porém a questão é: será que temos confiança no Espírito de Deus; será que confiamos que Ele possa nos transformar e modelar em nós cada vez mais a imagem que Deus criou para nós?

Delp encerra sua reflexão sobre este trecho do texto e com isso também toda a Sequência do Pentecostes – aparentemente ele não pode mais continuar a escrever na prisão – com o apelo, para que confiemos no Espírito de Deus que está em nós. "Esta realização da vida milagrosa no Espírito Santo é erguida sobre a nossa confiança. Apesar de sermos habitados pelo espírito que vive dentro de nós, muitas vezes estamos muito cansados ou temerosos, porque não confiamos no Espírito de Deus para fazermos alguma coisa de nós mesmos. Nós acreditamos mais na própria fraqueza do que nos impulsos criativos do Senhor Deus, que vive em nossas vidas.

É isso que importa, a confiança de que somos sempre capazes de nos entregarmos às bênçãos criativas de Deus e de que sob essas bênçãos nos tornamos pessoas completas e eficientes. Abençoai aqueles que têm fome e sede" (p. 305).

A confiança em todas as situações de vida, justamente também em uma crise, era um desejo importante de Alfred Delp. As palavras que ele escreveu na prisão tornaram-se conhecidas: "Deixe que tenhamos confiança na vida, porque Deus a vive conosco" (p. 8). No ano de 1984 estas palavras foram o moto do Congresso Católico, em Munique. Aparentemente os responsáveis na Igreja perceberam, naquela ocasião, que nossa época também precisa dessa confiança. A base dessa confiança é a de que Deus vive conosco. Deus também está conosco em nossas crises. Por esse motivo também devemos passar por elas com total confiança e coragem.

Sacrum septenarium – O sagrado número sete...

O número sete refere-se às sete graças, que a tradição atribui ao Espírito Santo. Sete é um número sagrado. Ele é composto do quatro e do três, do número dos elementos e do número que representa a trindade de Deus. O número sete quer dizer que o homem se transforma em Deus, o terrestre em celestial, o humano em divino. O Espírito Santo é o grande transformador e transformante. Quando ele nos penetra, então tudo se transforma na imagem que Deus fez de nós. Esse é o objetivo de nossas vidas. Que nos tornemos mais e mais a imagem única e exclusiva que Deus fez de nós. Quando nos tornamos essa imagem, podemos viver de forma autêntica e harmoniosa, então todas as capacidades e possibilidades que Deus nos deu podem desabrochar. Porém nós não podemos nos transformar sozinhos nessa imagem. Para isso precisamos do Espírito Santo, que nos penetra de tal forma, que tudo em nós por Deus é tocado, curado, confortado e despertado para a vida.

Da virtutis meritum – Dá à virtude a recompensa...

É possível imaginar o que esta súplica quer dizer, se examinarmos minuciosamente as duas palavras. *Virtus* tem sua origem em latim da palavra "vir" e significa tudo que distingue o homem: a habilidade, a arte, a coragem, a determinação, a virtude, as boas qualidades, a energia. A palavra *meritum* significa salário, recompensa, ganho. *Virtus* se refere a nossa própria ação, à persistência determinada, à virtude que aprimoramos. O Espírito Santo deseja fazer de nós homens valorosos, que realizam alguma coisa neste mundo e que se posicionam cheios de energia diante das atribuições que o mundo nos dá. O Espírito Santo se mostra na habilidade com a qual chegamos à solução de nossos problemas. E Ele se expressa na força, que não se deixa paralisar, quando encontra resistências em seu caminho. No entanto, nós não pedimos apenas por competência e virtude, mas também pela recompensa que delas resulta. Nós não podemos imaginar essa recompensa como algo exterior, como se o Espírito Santo nos recompensasse com algo quando lutamos bem o bastante. Pelo contrário, a recompensa está na própria virtude. Nós oramos para que a virtude também encontre seu objetivo, que é o de não lutar em vão. Sim, e por fim suplicamos que nossa vida seja bem-sucedida e que se torne uma vida que fixe neste mundo seu vestígio original, uma vida em cujo fim a gente possa dizer: Foi bom!

Da salutis exitum – Dá plenitude à saúde...

A súplica pelo êxito de nossas vidas se expressa em três pedidos. O primeiro pedido, que acabamos de descrever, refere-se à vida no momento presente. Nós pedimos que nossa vida seja útil agora, seja repleta de energia e que vivenciemos a recompensa em sua própria vitalidade.

Já o segundo pedido se refere ao fim de nossas vidas. Nós suplicamos por um bom fim (*exitus*), por uma saída bem-sucedida, pela consumação de nossa saúde (*salus*). *Salus* pode significar saúde, bem-estar, cura, felicidade e salvação. Nós pedimos ao Espírito Santo que ao fim de nossas vidas possamos descobrir a cura e a felicidade definitivas. Mas também imploramos que a saúde e o bem-estar, que o Espírito

Santo nos presenteia durante a vida, durem até o fim. Se, no entanto, uma doença nos lançar na crise, então pedimos que o Espírito Santo nos deixe vivenciar a cura. Uma cura e uma totalidade, que não é destruída pela doença. O Espírito Santo deve então nos conduzir através da doença ao ser interior, que é saudável e completo e que não foi devorado pelas fraquezas e pela doença.

***Da perenne gaudium* – Dá alegria constante...**

Este terceiro pedido se refere à vida na magnificência de Deus. Lá existirá alegria eterna. *Perennis* significa na verdade durante todo o ano, constante, incessante, sempre existente, alguma coisa que nunca acaba. A alegria constante, que esperamos encontrar no céu, já deve existir em nós agora. O Espírito Santo é a alegria de Deus, que já nos invade aqui. E dessa forma, não pedimos apenas pela alegria na grandeza eterna, mas também que a alegria divina já seja constante aqui nessa vida, que permaneça em nós e que não seja ofuscada pelas situações do destino ou pelas decepções.

Quando o Espírito Santo está em nós, então junto com Ele a alegria de Deus já está em nós, um contentamento que não depende do sucesso ou do fracasso, da saúde ou da doença, da dedicação ou da rejeição. Para os cristãos de outrora, a questão de como poderiam corresponder ao apelo de São Paulo – "Alegrem-se em qualquer ocasião!" (1Ts 5,16) – era muito importante. Nós só podemos nos regozijar quando concedemos espaço em nós para o Espírito de Deus, quando nos deixamos determinar por Ele e quando nos definimos a partir dele. Essa alegria constante também não será anulada através da morte.

Esta última súplica, em um período de crise, parece muito mais um conforto no Além. No entanto, não é isso que quer dizer. Saber que, mesmo em uma crise, minha vida em todo caso será exitosa – quando não aqui, na eternidade –, relativiza a crise. Mesmo na crise atual eu estou preenchido pelo Espírito Santo, o qual já me presenteia agora com parte de sua energia. Ele me permite atravessar a crise com uma alegria serena. *Hilaritas* era para os antigos monges a característica de uma atitude preenchida pelo espírito. Os Padres da Igreja falam da alegria do Espírito Santo como um estado de contentamento, que ninguém nos pode tomar – nem mesmo um infortúnio, uma doença ou mesmo uma crise ou fracasso. A alegria também possibilita enfrentar e superar a morte.

Talvez você se pergunte, querida leitora, querido leitor, como a meditação da Sequência de Pentecostes pode ajudar a atravessar corajosamente as crises pelas quais passam. Talvez você pense que Alfred Delp, na prisão, diante da situação ameaçadora da morte iminente, tenha se refugiado em uma meditação edificante. Porém, isso contestaria rigorosamente sua experiência. Para Alfred Delp o mergulho na reflexão foi exatamente um auxílio para destituir de poder o mundo cruel da prisão. Ele não fugiu deste mundo. Pelo contrário, ele na verdade fez aquilo que significa conforto e fortalecimento em uma situação tão crítica. Buscar amparo na oração e na meditação. Ao refletir sobre a Sequência de Pentecostes, tendo como fundo sua morte ameaçadora, ele pode entrar em contato consigo mesmo. Ele pode se distanciar dos medos, que à noite muitas vezes o assaltavam. Nas palavras desse antigo hino ele encontrou lenitivo em um ambiente desconsolador. Em sua meditação ele participou das experiências que Stephan Langton descobrira há 800 anos com o Espírito Santo e que deixou fluir em seu hino. A imersão no mundo do Espírito Santo e a participação nas experiências de fé de outra pessoa antes dele deram-lhe forças para se segurar a sua própria dignidade – mesmo quando esta não lhe foi reconhecida pela Gestapo. Ele não se conformou e se curvou. Ele pode caminhar de cabeça erguida através de todas as aflições.

Por esse motivo, eu queria que você, querida leitora, querido leitor, tomasse parte neste livro da experiência de Alfred Delp, da experiência de Stephan Langton e da experiência de todas as pessoas, que desde o ano de 1200 cantaram e meditaram esta Sequência de Pentecostes. Eu tenho confiança de que a meditação deste hino, ou do também maravilhoso hino de Habano Mauro *Veni Creator Spiritus*, lhes concederá forças para atravessar corajosamente suas crises.

Pensamentos finais

Confia em tua força! – O título deste livro não significa que você tenha sempre bastante força em si mesmo para superar sua crise. Pelo contrário, as elaborações desejam mostrar que a energia, que você sente em si mesmo, é alimentada pela força do Espírito Santo. Ele nos dá a confiança de que a nossa energia nunca se acabará. Durante uma crise, muitas pessoas têm a impressão de que não possuem mais força. Elas não têm acesso à energia, que até agora as sustentou através da vida. Em uma situação assim, eu vejo três caminhos para entrar em contato com a própria força.

O primeiro caminho é fazer uma pausa. Eu retiro o meu olhar da crise e observo o meu interior. Eu me recordo da força que várias vezes tive à disposição em situações difíceis. Quando estive diante de uma crise difícil, muitas vezes tive medo de que minhas forças me abandonassem. Porém, a energia simplesmente aumentou em mim. A lembrança dessas situações traz de volta ao meu interior a força que me parecia perdida. E eu descubro no fundo de meu coração a força de que preciso para superar a crise atual.

O segundo caminho é tornar-me agora consciente de minhas capacidades. Eu analiso a crise e penso que medidas poderiam me auxiliar. Nesse caminho, minha própria experiência, meu conhecimento e meu talento me auxiliam. E também as graças que o Espírito Santo me concede. Os sete dons, com os quais ele me agraciou, são forças que me fortalecem a encontrar caminhos concretos para sair da crise.

O terceiro caminho aponta uma outra direção. Eu rezo ao Espírito Santo e lhe peço que Ele complete meu poder limitado com o poder e a energia divinos. Esta é a súplica para que o Espírito Santo chegue com sua força da forma que é expressa nas muitas preces ao Espírito Santo. No entanto, não é somente o pedido da vinda do Espírito Santo que me fortalece. É também a meditação dos textos bíblicos sobre o Espírito Santo e a meditação das preces cantadas ao Espírito Santo que me auxiliam na crise. Pois, na meditação me distancio antes de tudo da crise, para imergir em um outro mundo. Eu não fujo da crise para o mundo do Espírito Santo, pelo contrário, eu encontro refúgio neste mundo totalmente diferente, para entrar em contato comigo mesmo e com as possibilidades que Deus me presenteou. Através da meditação eu sinto que ainda existe uma força em mim, à qual eu geralmente não dou atenção.

Por meio da reflexão sobre o Espírito Santo eu reconheço meu verdadeiro ser. Esse ser consiste na presença de Deus, de seu filho e de seu espírito em mim. Seu espírito me preenche, impele-me a dar corajosamente os passos que me conduzem a uma liberdade cada vez maior, à vitalidade, à paz e ao amor. Portanto, é justamente o Espírito Santo que me habilita a confiar nas forças que Deus me concedeu. Dessa forma eu posso atravessar todas as crises que me aguardam na vida, cheio de confiança e coragem.

Eu desejo que você, querida leitora, querido leitor, após a leitura de meu livro não confie em meus pensamentos, mas que, através de minhas palavras entre em contato com suas possibilidades internas, que estão preparadas para você no fundo de sua alma. Desejo que através da leitura você mergulhe não apenas em um outro mundo, mas que também descubra o mundo em seu próprio coração, que é muito diferente daquele que o mundo em geral simula. Quando você entra em contato com sua própria força, aquela que é fortalecida pela fonte do Espírito Santo pode então dar corajosa e confortadamente os passos que conduzem através da crise. Você descobrirá então novas oportunidades em sua vida!

Referências

BITTER, W. (1971). *Lebenskrisen*. Stuttgart: [s.e.].

CANTALAMESSA, R. (1999). *Komm, Schöpfer Geist*. Friburgo em Breisgau: [s.e.] [Considerações sobre o hino *Veni Creator Spiritus*].

COTTIER, G. (1972). Das Krisebewusstsein in der modernen Philosophie. In: LUYTEN, V.N.A. (org.). *Krise im heutigen Denken*. Friburgo em Breisgau/Munique: [s.e.], p. 7-41.

DELP, A. (1984). *Gesammelte Schriften*. Vol. 4. Frankfurt: [s.e.].

FRIES, H. (1988). "Weisheit". *Praktisches Lexikon der Spiritualität*. Friburgo em Breisgau: [s.e.], p. 1.420.

KREPPOLD, G. (1977). *Krisen* – Wendezeit im Leben. Münsterschwarzach: [s.e.].

SANDFUCHS, W. (1977). *Die Gaben des Geistes*. Würzburg: [s.e.].

SCHINDLER, F.M. (1915). *Die Gaben des Hl. Geistes nach Thomas von Aquino*. Viena: [s.e.].

SCHNURR, G. (1990). "Krise". *Theologische Realenzyklopädie*. Vol. 20. Berlim: [s.e.], p. 61-65.

SCHWERMER, J. (1993). "Krisen des Lebens". In: *Handbuch der Psychologie für die Seelsorge*. Vol. 2. Düsseldorf: [s.e.], p. 451-475.

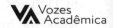

EDITORA VOZES LTDA.
Rua Frei Luís, 100 – Centro – Cep 25689-900 – Petrópolis, RJ
Tel.: (24) 2233-9000 – E-mail: vendas@vozes.com.br